야고보는 부(富)와 부자(富者)를 정죄 하는가?

야고보가 언급한
부와 부자를 중심으로

야고보는
부(富)와 부자(富者)를
정죄하는가?

야고보가 언급한 부와 부자를 중심으로

펴낸날   2023년 7월 8일 초판 1쇄
글쓴이   황봉환
펴낸이   신덕례
편집   권혜영
교열교정   허우주
디자인   토라디자인
유통   기독교출판유통
펴낸곳   우리시대
              경기 고양시 덕양구 마상로 102번길 53
              woorigeneration@gmail.com
              sns f/ woorigeneration

ISBN   979-11-85972-56-5 03230
가격   10,000원

야고보는
부(富)와
부자(富者)를
정죄
하는가?

야고보가 언급한 부와 부자를 중심으로

추 천 의 글

지난 2월에 '행복한부자학회'로부터 "행복한 부자 상"을 수상하였습니다. 깊은 내막을 잘 알지 못한 채 갑작스럽게 상을 받고, 시상식 행사를 성대히 치렀습니다. 그 후 제가 왜 "행복한 부자 상"을 수상하게 되었는지 오랫동안 자성(自省)하는 시간을 갖게 되었습니다. 성경에서 "부자는 천국에 들어가기가 어려우니라"(마 19:23)라고 한 말씀의 의미를 되새기며, 행복한 부자의 참뜻을 살펴보기로 하였습니다. 그러던 중 만 3개월이 지난 오늘 뜻하지 않게 희소식을 접하게 되었습니다.

다름 아니라 저와 함께 오랫동안 동역해온 참신한 실천신학자요, 교육자요, 윤리학자이며 목회자로 전국적으로 인정받는 전임 대신대학교 부총장 황봉환 교수님이 "야고보는 부(富)와 부자(富者)를 정죄하는가?"를 출간하면서 추천사를 청한 것입니다. 보내온 본문을 단숨에 정독하였습니다.

읽는 순간 깜짝 놀랐습니다. 처음부터 끝까지 질서 정연한 필체로 알기 쉽게, 제가 지난 3개월 동안 고민해왔던 믿음과 행위, 부와 부자에 관해 궁금하게 생각했던 모든 점을 글을 통해 말끔히 해석해주었습니다. 내용인즉, 야고보서의 부와 부자에 관한 신학, 부자의 재산축적과 사치에 대한 야고보의 폭로, 부의 가치와 오용에 대한 야고보의 경고, 언약 공동체 안에서의 대안, 사회경제적 불평등에 대한 대응에 관한 소제(小題)로 실천적이며, 윤리적인 삶을 강조하는 참믿음을 설득력 있게 전개하였습니다. 행함이 없는 믿음은 참믿음이 아니며, 야고보 사도가 강조하는 성경적 부자의 삶은 청부의 사상임을 강조하였습니다.

저는 이 책의 내용을 읽은 직후 수개월 전에 "행복한 부자 상"을 받았고, 학계와 기독교계로부터 부자(富者)로 인정을 받았으니 본 저서의 출판비는 부자가 담당해야겠다는 결심도 하게 되었습니다. 이 책을 접하시는 성도 여러분, 정독(精讀)하시고 많은 사람에게 소개하여 행함이 있는 산 믿음으로 천국에 입성하시기를 간절히 소망하면서 기쁜 마음으로 이 책을 추천합니다.

전재규 박사(대신대학교 명예총장)

사람이 사는 날 동안 필요에 따라 매일 항상 대면하는 문제는 '물질의 소유와 관리와 활용'의 문제일 것입니다. 그 문제는 사람이 만들어낸 것이 아닙니다. 우리를 몸을 가진 존재로 지으신 하나님께서 창조 질서 속에서 우리 모두에게 필연적으로 부과하신 문제입니다. 우리가 구원받아 하나님의 자녀가 된 후에도 여전히 그 문제는 우리의 호흡처럼 우리와 밀착하여 있습니다. 이 책의 추천을 의뢰받았을 때 단순하게 '그리스도의 재물관'에 대한 책이려니 생각했었는데, 막상 책을 열어 보니 제 그런 생각에 동력을 달아 제 의식을 크게 회전시키며 관심을 촉발시키는 힘을 가진 책이었습니다.

이 책은 실로 야고보서에서 말씀하시는 성령님의 가르침을 새롭게 듣게 합니다. 야고보서가 말하는 '구원신앙의 표지로서의 행함의 열매'와 '그리스도인의 경제관'과 '형제 사랑'이란 세 거대 주제들로 집약하고 연결하여 풀어나가는 저자의 영적 촉수를 주신 주님을 찬미하는 바입니다. 정말 그리스도의 사람으로 지상에 있는 동안 하나님의 주시는 은혜 가운데 주어지는 경제적 현안 속에서도 영적 자유를 누릴 수 있다면, 그의 구원신앙을 통하여 하나님께서 당신의 이름과 나라의 영광을 드러내실 것입니다. 그것이 성화의 큰 동력을 가진 그리스도인의 비밀일 것입니다.

독자들이 이 책을 통하여 당신의 손 안에 있는 만물과 그 효용성을 당신의 백성들을 통하여 나타내시려 하신 하나님의 거룩하신 뜻을 발견하게 되기를 바랍니다. 아울러 이 책이 경제적 현안 속에서 영적 방향 감각을 상실하여 불안하고 염려하고 고통당하기 쉬운 우리 모두에게 신령한 소망과 확신과 담대함의 자유를 얻게 하는 좋은 내비게이션이 되기를 바랍니다. 저자 황 교수님으로 하여금 이 책을 내게 인도하신 주님의 은혜에 감사하며, 이 책을 쓰신 성실하신 저자의 노고를 크게 높이는 바입니다.

서문 강 목사(중심교회 원로목사)

존경하고 사랑하는 황봉환 교수님의 신간 『야고보는 부와 부자를 정죄하는가?』 출판을 진심으로 축하드립니다. 본서는 사람 사는 세상에서 늘상 부딪히는 부와 부자에 대한 성경적 지침을 제시한 책입니다. 저자이신 황 교수님은 학교에 재직하는 동안에도 성경적 가르침에 입각한 재산의 소유와 활용에 대한 크고 작은 글들을 많이 발표해왔습니다. 이번에 나온 책은 30여 년간 설교와 교수 사역을 통해서 연구한 모든 것의 정수라고 봅니다. 특히 사도들이 생존하던 시대에 교회 성도들이 대다수가 가난한 하층계급의 사람으로 구성되어 있었기에 신분과 지위의 차별만이 아니라 소유의 많고 적음에 대한 눈에 띄는 차별이 있었음을 부정할 자는 아무도 없을 것입니다. 야고보서는 잘 아는 대로 그리스도 예수 안에 둔 믿음은 행함이 수반되지 않으면 죽은 것임을 천명합니다. 사회만이 아니라 교회에도 만연된 차별의 부당성을 지적하면서 행함과 진실함의 사랑 실천을 촉구하고 있습니다.

자본주의 시장원리가 잘 작동되어도 필연적으로 빈부의 차이는 존재합니다. 교인 중에도 부자와 가난한 자들이 공존합니다. 단순히 교회 안에서의 빈부 차이를 좁혀가야 한다는 것이 아닙니다. 다만 부에 대한 태도, 재물 활용의 원리가 무엇인지를 야고보서에서 찾아낸 저자의 중심은 분명합니다. 경제학자들, 사회학자들, 자선사업가들의 견해가 어떠하든 중요한 것은 성경이 우리에게 세상에서 늘 직면하는 이 문제, 교회도 피해 갈 수 없는 이 문제에 대해서 어떻게 가르치고 있는지를 살피는 것이 하늘에 시민권이 있는 성도의 의무인 것입니다. 저자는 그 의무에 충실하도록 학자의 자질을 충분히 활용하여 읽기 쉽고 이해하기 쉽고 실천하기 쉬운 원리들을 잘 제시하고 있습니다.

성도는 이 세상에서 순례자의 길을 가는 자들입니다. 여행에는 상당한 경비가 들지만, 그 경비를 모두 주머니에 채우고, 필요한 모든 물품을 머리에 이고, 등에 지고 다니는 자들은 아무도 없습니다. 순례자의 보따리는 간편할수록 좋습니다. 가장 기본적인 것만 들어 있습니다. 당시 상위 1% 안에 드는 부자였던 아브라함도 이삭과 야곱과 함께 장막을 치고 살았습니다. 하나님이 직접 지으실 보다 나은 도성을 바라보며 자신도 곧 그곳에 들 나그네 인생인 것을 알았기 때문입니다. 여기엔 축적과 사치 혹은 착취나 향락에 빠져 사는 일들이 벌어지지 않습니다. 물론 죄성을 지닌 인간이기에 여행지에서 보이는 추태들도 있습니다. 그러나 천성을 향해 항해하는 순례자들은 사회 물의를 일으키는 자가 아니라 감동과 도전을 주는 자여야 합니다. 이것이 부자와 품꾼 사이의 양극화 현상을 극복하는 발판이 됩니다.

저자는 이러한 면을 꼼꼼히 살피면서 단순히 부자에 대한 공격이라든지 가난에 대한 애석한 마음을 표현하는 것이 아니라 하나님의 나라와 그의 영광을 위하여 어떻게 사용할 것인지에 대한 대안과 사회 경제적 불평등에 대한 대응까지도 제시하고 있습니다. 사치보다는 검소를, 공격과 비난보다는 존중과 사랑을, 자기 이익보다는 남의 이익을, 썩어 없어질 것보다는 하나님 나라와 의를 구하며 사는 생활의 지침서로서, 경건한 성도의 영적 부요함을 알뜰하게 누리는 매우 유익한 책임을 말하지 않을 수 없습니다.

본서를 강력하게 추천하는 이유 하나는 신앙과 삶이 일치하지 않는 현대 교인들의 불균형 혹은 비정상적 삶에 대한 강력한 치유책을 발견할 수 있기 때문입니다. 그리고 저자에 대한 믿음 때문입니다. 저자는 요즘 여느 목사에게서 찾아보기 힘든 경건 생활을 하루도 거르지 않고 지속적으로 실천하며 기도하는 일꾼으로, 성경을 정확무오한 하나님 말씀으로 믿고 그 말씀에 바탕을 둔 신자의 사회생활, 경제활동을 변함없이 추구해왔기 때문입니다. 신학의 학문적 업적은 실천성으로 평가받아야 하기에 본 저서는 상아탑에서의 외침으로 멈추는 것이 아니라 행동으로 이어지는 확실한 답을 준다고 믿습니다. 펴서 읽으십시오(tole lege). 빈부격차, 사회적 불평등, 구제 문제 등에 대한 체증이 내려갈 것입니다. 귀한 책 내주신 저자에게 다시 한번 감사의 말씀을 드리며 추천의 글을 남깁니다.

서창원 목사(한국개혁주의 설교연구원 원장)

이 책은 야고보서가 말하는 부와 재물에 대한 그리스도인의 바람직한 태도를 가르쳐 주는 데 초점을 두고 있다. 기독교 신앙이 영적인 실체에 대하여 큰 관심을 가지고 있다는 사실에 대해서 누구도 부인할 수 없다. 하지만 우리의 영혼은 육신과 연합되어 있기에 육신에 관련된 것들 역시 성경이 우리에게 가르치는 주요한 내용 가운데 하나다. 특히 재물은 육신을 입은 인간이 신자와 불신자를 막론하고 큰 관심을 가지고 있는 것으로서 우리가 이 물질을 어떻게 활용하고 사용하느냐에 따라 각 사람의 영혼뿐만 아니라 교회의 흥망성쇠에도 많은 영향을 미친다. 청교도들은 하나님을 섬기는 수단으로 우리에게 직업적 소명을 주셨다고 믿고 가르쳤다. 쉽게 말하면, 이웃을 사랑함으로 하나님을 사랑하는 것이 세상 속에 주어진 우리 신자들의 소명이라는 것이다. 이러한 그리스도인의 이웃사랑이 가장 분명하게 드러나는 영역이 바로 재물과 물질에 대한 신자의 태도일 것이다. 황봉환 교수님은 재산의 소유와 활용에 대한 내용으로 박사학위 논문을 쓰신 이래로 오랜 시간 동안 성경이 가르치는 물질에 대한 신자의 태도에 대해서 연구해 오셨다. 그리고 금번에 야고보서를 통해 부자와 가난한 자의 양극화가 심화된 우리시대의 문제에 대해서 성경이 어떤 해법을 제시하고 있는지를 탁월하게 소개해 주신다. 아무쪼록 많은 독자들이 성령께서 야고보를 통해서 알려주셨고, 또 우리시대에 황봉환 교수님을 통해서 선명하게 해석된 이 귀한 진리를 발견하는 계기가 되기를 바란다. 더 나아가 이 땅의 많은 그리스도인들이 이 책을 통해 배운 대로 살아감으로써 한국교회의 미래가 더욱 더 밝아지게 되기를 소망한다.

김효남 교수(총신대학교 역사신학)

야고보는
부(富)와 부자(富者)를
정죄하는가?

야고보가 언급한 부와 부자를 중심으로

저자 서문

　필자가 박사학위 논문에서 다룬 주제는 재산의 소유와 활용에 관한 내용이었다. 따라서 신구약 성경을 읽고 연구하는 관점에서도 자연스럽게 재산의 소유와 활용 그리고 부와 가난에 대한 주제들이 연구의 대상이 되었다. 필자는 신구약 성경에서의 재산과 재물, 부와 가난, 소유와 나눔 등을 주제로 논문들을 다수 발표했다. 일반적으로 성경을 연구하거나 설교하는 이들은 신약성경 야고보서가 믿음과 행위의 균형에 대한 귀중한 교훈을 준다는 것을 강조한다. 필자는 야고보서를 읽으면서 야고보 당시 부자와 가난한 자 사이의 양극화 문제가 오늘날도 교회와 사회에서 여전히 존재하고 있음을 깨닫게 되었다. 그렇다면, 이런 문제에 대하여 야고보서는 어떻게 가르치고 있는가? 야고보서와 함께 그리스도인의 물질적 부의 소유와 활용에 대하여 어떻게 가르쳐야 하는가? 종교적이고 사회경제적인 상황에서 야고보서는 신구약 성경과 어떤 연관성이 있는가? 이런 질문들을 생각하면서 이 주제로 야고보서를 연구하게 되었다. 그가 가르치려는 교훈은 하나님 중심의 신앙과 물질적 부의 책임에 대해 구약의 이사야, 아모스, 미가 선지자들이 주장하는 사회경제적 교훈과 일맥상통한다. 성경의 저자들은 언약 공동체 안에서도 존재했던 부자와 가난한 자의 경제적인 불균형에 주목했다. 이러한 문제에 대하여 야고보는 영적인 부와 물질적 부의 개념에 대하여 어떻게 진술하며, 야고보가 언급하고 있는 부자가 도대체 누구이며, 부의 활용에 대하여 어떻게 가르치고 있는가에 대한 연구가 필요하다고 생각했다.

특별히 이 연구에서 부자와 가난한 자 사이에 있었던 경제적 불평등 현상의 요인이 부자들의 직권 남용과 가난한 자에 대한 멸시 그리고 품꾼의 임금 착취와 억압에 기인한다는 점을 발견할 수 있었다. 더 중요한 것으로, 부자와 품꾼 사이의 경제적 양극화의 모순을 지적하면서 신자들이 이런 문제에 어떻게 대응해야 할 것인가에 대한 야고보의 진술도 발견했다. 결과적으로 야고보가 초기 기독교 공동체에 주는 경고의 메시지는 인간이 소유한 물질이나 부(富)는 죽음이라는 인생의 종말에 아무런 가치를 발휘할 수 없다는 것이다.

따라서 야고보는 인생이 모든 재물과 부를 원주인에게 돌려주고 떠나는 나그네와 안개 같음을 가르친다. 창조주 하나님께서 인간에게 선물로 주신 물질과 부를 가난한 이웃을 위해 사용하지 아니할 때 그 부가 오히려 재앙이 된다는 강한 경고의 메시지도 듣게 된다. 그러므로 재물과 부의 올바른 소유와 활용에 대한 야고보의 교훈은 오늘의 교회, 사회, 국가의 경제적 불평등을 해결하는 데 조금이나 마 도움이 되고, 영적 공동체 안에서 이웃 사랑의 실천을 위한 성경적 가이드가 되리라고 믿는다.

　필자가 성경에서 찾은 특별한 주제들을 다루면서 목회자들의 설교사역에 보탬이 되고 싶은 열망으로 연구하는 일에 지속적인 관심과 따뜻한 사랑으로 뒷바라지해준 아내와 경영대학원(성균관대학교)에서 석박사 과정을 이수하고, 연구원으로 중소 및 대기업들이 의뢰한 연구 프로젝트(research project)에 참여하여 실무를 경험하며, 박사학위 논문을 쓰면서 아빠를 응원하는 아들에게도 고맙다는 말을 전한다. 야고보서 연구가 목회자 개인의 경험적인 신앙에 근거해 성경을 해석하는 오류들을 바로잡고, 성경 저자가 전하려는 바른 목적을 발견하여 신앙과 삶의 원리를 제공하는 일에 큰 도움이 되리라 확신한다.

2023. 1.

황봉환 목사

1

들어가면서

1. 들어가면서

야고보서의 저자는 누구인가?

일반적으로 야고보서의 저자가 주님의 형제 야고보라는 견해가 우세하게 지지를 받고 있다. 신약에 '야고보'(James)라는 이름을 가진 사람이 몇 명 등장한다.[1] 하지만 이 서신을 연구한 주석자들과 대다수 학자들은 주님의 형제 야고보가 이 서신의 저자라고 주장한다.

---

1) 신약성경에 언급된 야고보라는 사람은 여러 명이 있다. 첫째, 세베대(Zebedee)의 아들로서 열두 제자 중 한 사람이며, 요한의 형제인 야고보가 있다(마 4:21, 10:2, 17:1; 막 1:19, 29, 3:17, 5:37, 9:2, 10:35, 41, 13:3, 14:33; 눅 5:10, 6:14, 8:51, 9:28, 54; 행 1:13, 12:2). 그가 유력한 야고보서의 저자로 추정되기는 했으나 주후 44년경 헤롯 아그립바 1세에게 죽임을 당했으므로(행 12:2) 그렇게 이른 시기에 야고보서가 기록되었다고 보기는 어려울 것이다. 둘째, 알패오의 아들이며, 열두 제자 중 한 사람인 야고보이다(마 10:3; 막 3:18; 눅 6:15; 행 1:13). 셋째, 유다의 아버지인 야고보이다(눅 6:16; 행 1:13). 야고보의 아들 유다는 열두 제자 중 한 사람이다. 유다의 아버지 야고보는 종종 예수의 형제인 야고보 및 알패오의 아들 야고보와 동일시되었다. 그러나 학자들은 이들이 모두 동일인이라고 보는 것은 무리라고 본다. 넷째, 마리아의 아들 중 한 사람인 야고보이다. 마리아는 예수의 십자가 처형 당시 그 현장에 있었으며(마 27:56; 막 15:40), 빈 무덤을 발견했을 때도 그곳에 있었다고 기록되어 있다(막 16:1; 눅 24:10). 이 야고보는 요셉 혹은 요세(Joses)와 형제간으로 언급되어 있으며, 그를 '작은 야고보'(little James)라고 부르기도 했다. 그렇게 부른 이유는 아마 키가 작았기 때문이라고 여겨진다. 마리아의 아들 야고보를 알패오의 아들과 동일시하는 것은 타당하다. 다섯째, 예수의 형제 야고보이다. 예수의 형제 야고보에 관해서는 서론에서 좀 더 언급하기로 한다.

채영삼은 야고보서의 저자가 "네 명의 야고보들 가운데 부활하신 예수님을 만난 후 초대교회의 기둥 역할을 했던 주의 형제 야고보보다 더 가능성이 많은 인물은 없다. 사도시대부터 무려 17세기 동안 '야고보 사도'의 저작으로 여겨져 왔던 교회 전통을 애써 다르게 생각할 이유가 없다"고 했다.[2]

본서의 저자로 지목되는 주의 형제 야고보에 대한 기록은 신약성경에 자주 언급되어 있다(마 13:55; 요 7:5; 행 1:14; 21:18; 고전 9:5; 15:7; 갈 1:19; 2:9). 예수의 형제 중에 처음에 언급되는 것으로 보아 아마 야고보는 주님의 바로 아래 동생이었던 것으로 보이며, 요셉, 시몬, 유다가 형제들이었다(마 13:55; 막 6:3). 야고보서 1:1과 유다서 1장에 언급된 야고보가 바로 예수의 형제 야고보를 가리키는 것으로 보아도 무방하다. 예수의 형제들은 주님의 공생애 전도기에는 믿지 않았으나(요 7:5) 주님이 부활하신 후 야고보는 믿게 되었고(고전 15:7), 오순절 때는 사도들과 함께 사역했다(행 1:14; 고전 9:5).

비록 야고보가 예수님의 열두 제자 중 한 사람은 아니었으나 후에 사도로 간주되기도 했다. 이런 평가는 바울이 갈라디아서 1:19에 언급한 말에 근거를 두고 있다. 갈라디아서 1:19은 이렇게 말하고 있다. "주의 형제 야고보 외에 다른 사도들을 보지 못하였노라." 사도행

---

2) 채영삼, 『지붕 없는 교회—야고보서의 이해』(서울: 이레서원, 2012), 21, 23. 채영삼은 주후 1세기에서 4세기 초반까지 초대교부들 가운데 알렉산드리아의 클레멘트(Clement of Alexandria), 오리겐(Origen), 제롬(Jerome), 아타나시우스(Athanasius) 같은 자들을 비롯하여 수차례 공의회에서 야고보서가 정경으로 인정받았다고 했다.

전 12:2에서 세베대의 아들이요 요한의 형제인 야고보가 죽은 후에 주의 형제 야고보를 처음으로 언급하고 있다는 점에서 볼 때 본 서신에서 언급된 야고보가 세베대의 아들 야고보를 대신하여 사도가 되었다고 추측한다.[3] 바울처럼 야고보는 부활하신 그리스도께서 그에게 나타나 특별히 그에게 부활의 증인이 되라는 위임을 받음으로써 사도가 되었을 것으로 본다. 바울이 자신은 이방인에게 가기로, 야고보와 베드로와 요한은 유대인들에게 가기로 상호 동의했다(갈 2:9)고 언급하는 것으로 보아 복음 전도자로서 야고보의 소명은 분명하다.[4]

야고보서에는 기독론의 토대가 되는 예수의 성육신, 십자가의 죽음 그리고 부활에 대한 언급이 없고, 이신칭의와 같은 교리에 대한 언급도 없다. 본 서신에는 복음(福音)이라는 말도 없다. 물론 예수 그리스도를 믿음으로 구원을 받을 수 있다는 직접적인 표현은 없다. 하지만 "주 예수 그리스도"(약 1:1)와 "우리 주 예수 그리스도에 대한 믿

---

3) 민영진 외(편집), 『성서백과대사전』, 제7권, (서울: 성서교재간행사, 1981), 794-800.

4) 전승에 따르면 야고보는 예루살렘교회의 첫 감독이었다고 한다. 따라서 유대적 기독교는 야고보를 베드로와 바울보다도 우위에 놓는다. 『히브리인 복음서』(Gospel according to the Hebrews)는 부활하신 그리스도께서 처음으로 야고보에게 나타나셨고 야고보는 주님의 부활을 의심하지 않았다고 했다. 클레멘트의 설교(Clementine Homilies)와 전기(Clementine Recognitions)에서도 야고보를 '감독 중의 감독'으로 말하고 있다. 이 작품들에는 베드로와 다른 사도들이 야고보에 의해 승인받는 것으로 되어 있다. 헤게십푸스(hegesippus)는 야고보에 관하여 그는 모태에서부터 거룩했으며, 포도주나 독주는 입에 대지도 않았고 고기도 먹지 않았다고 했다. 그는 성소에 홀로 들어가는 것을 허락받아 성전에서 무릎을 꿇고 백성을 위한 사죄의 기도를 드렸으며, 사죄의 기도와 예배를 드리느라고 마침내 그의 양 무릎은 낙타의 무릎과 같이 단단해졌다고 했다. 민영진 외(편집), 『성서백과대사전』, 제7권, 799, 803.

음"(약 2:1)이란 말이 기록되어 있다. 필자는 바로 이런 표현들이 복음을 대변하는 용어들이라고 생각한다. 복음이 무엇인가? 예수 그리스도 자신이 복음이다. 그 이유는 예수 그리스도의 성육신, 십자가의 죽음, 부활 그리고 승천을 떠나서는 복음이 소개될 수 없기 때문이다. 그러함에도 학자들은 본 서신은 신앙의 토대를 세우는 신학적 교훈이라기보다 성도의 신앙 행위를 강조하는 실천적인 호소라고 말한다.[5] 구원받은 신자들이 믿음과 말씀 위에서 귀한 열매 맺기를 바라는 실천적인 풍성한 삶의 지혜를 제공하는 서신으로 본다.

야고보서는 하나님의 선택 안에 있고 믿음으로 구원받은 성도들이 주님과의 영적인 관계에서 어떻게 실천적이며 윤리적인 삶을 살 것인가 하는 점을 특별히 강조하고 있다. 이러한 야고보의 태도가 초대교회 안에서 인정받게 되었고 지도자로 활동할 수 있는 근거가 되었다. 바울이 회심 후 예루살렘을 방문했을 때(AD 38년경) 야고보는 벌써 교회의 지도자로 활동하고 있었고(갈 1:19), 11년 후 재차 방문했을 때 베드로와 요한과 함께 교회의 기둥 같은 인물로 사역하고 있었다(갈 2:9). 바울이 마지막 전도 여행을 마치고 예루살렘으로 돌아왔을 때 야고보는 교회의 지도자로 사역하고 있었다(행 21:18).

야고보는 흩어져 있는 열두 지파의 사람들을 위해 이 서신을 기록했다(약 1:1). 바벨론 포로 이후부터 로마가 팔레스타인을 통치할 때에도 유대인들은 여러 나라에 흩어져 살았다. 1세기에는 전 유대인

---

5) 민영진 외(편집), 『성서백과대사전』, 제7권, 801.

의 3/4이 로마 세계에 산재하여 살고 있었다.[6] 그들은 회당을 중심으로 모였다(약 2:2).[7] 그들은 아브라함을 우리 조상이라고 말했다(약 2:21). 이와 같이 회당을 중심으로 모인 초대 기독교 공동체 안에서, 가난한 자와 부자를 차별하여 대우하는 일(약 2:2~9), 일용할 양식이 없는 형제자매에게 행함이 있는 믿음을 강조한 일(약 2:14~18), 공동체 안에서 욕심을 내어도 얻지 못하고 취하지 못하며 받지 못하여 싸움과 다툼이 발생한 일(약 4:1~4), 그리고 부한 자들의 재물 착취와 소유, 사치와 방종한 일(약 5:1~6)에 대하여 야고보는 경고하고 있다. 그래서 야고보는 '믿음 안에서의 행함'(works in faith) 또는 '믿음과 함께하는 행함'(works with faith)을 강조한다. 그래서 "행함이 없는 믿음은 그 자체가 죽은 것이라"(약 2:17)고 했고, "너희는 말씀을 행하는 자가 되고 듣기만 하여 자신을 속이는 자가 되지 말라"(약 1:22~23)고 했으며, "사람이 선을 행할 줄 알고도 행하지 아니하면 죄니라"(약 4:17)라고 강조했다.

이 서신을 기록한 목적이 무엇인가?

야고보가 믿음과 함께 행함을 강조한 목적이 있다. 야고보 당시

---

6) 민영진(편집), 『성서백과대사전』, 제7권, 813.
7) '회당'(sunago)은 흩어져 살아가던 유대인들이 함께(sun) 한곳에 모인(ago) 것을 말하며, 함께 모였던 장소를 회당(Sunagoge)라고 불렀다. 이것이 회당제도의 출발이다.

신자들은 예수 그리스도를 믿음으로 구원받는다는 교리적 강조점에 집착하면서 실천 생활을 등한시했다. 말로만 하는 성도의 교제와 사랑의 표현은 공동체 안에서 풍성했다. 경건의 말은 풍성했으나 실제 생활에 있어서 이웃 사랑을 실천하지 않는 자들이 있었다. 초대교회가 시작되고 이방인으로서 회심한 자들과 유대인들이 교회의 회원들이 되면서 내부적으로 심각한 갈등과 혼란이 발생했다.

야고보는 이미 초대 예루살렘교회 안에서 발생한 헬라파 유대인 (the Hellenists)과 히브리파 유대인(the Hebrews) 사이의 물질적 나눔의 문제로 갈등과 혼란이 발생했던 것을 가까이서 지켜보았던 자이다(행 6:1). 야고보를 포함한 열두 사도가 이 문제를 해결할 대안을 심도 있게 논의했다(행 6:2). 그래서 사도들은 말씀 사역과 기도하는 일에 힘쓰도록 하고, 과부들을 섬기는 일은 선택받은 일곱 사람에게 맡기기로 했다(행 6:2~6). 야고보가 이 서신을 기록하는 당시에도 유대인과 이방인 사이에 그리고 가난한 자와 부자 사이에 차별을 두는 일이 발생했다(약 2:1~3). 교회에서 부자들이 가난한 자들을 차별하여 업신여기고 억압하며, 서로 비방하고 결국 법정 다툼으로까지 확대되었다. 교회 안에서의 차별, 업신여김, 비방, 다툼은 특별히 가진 자와 갖지 못한 자 사이에서 발생했다. 그래서 야고보는 이렇게 말했다.

만일 형제나 자매가 헐벗고 일용할 양식이 없는데 너희 중에
누구든지 그에게 이르되 평안히 가라, 덥게 하라, 배부르게 하라

하며 그 몸에 쓸 것을 주지 아니하면 무슨 유익이 있으리요 이와 같이 행함이 없는 믿음은 죽은 것이라(약 2:15-17).

야고보는 교회 공동체 안에 소속된 형제와 자매들 가운데서도 일용할 양식이 없는 자가 있는 반면에 배부르게 먹을 수 있는 부유한 자가 있다는 것을 표현한 것이다. 교회 공동체 안에서도 가난한 자와 부자 사이의 차별이 존재한다는 것을 지적한 것이다. 이렇게 차별로 인해 발생한 갈등은 빈부로 인한 차별이라기보다 종교적 기득권의 문제로 귀착되었다고 보는 것이 옳을 것이다. 야고보는 이런 문제에 직접 참여하여 문제 해결책을 제안했던 자였다. 개종한 이방인을 초대교회의 회원으로 받아들이는 문제에서 바리새파 유대인들은 그들로 할례를 받게 하고 모세의 율법이 가르치는 바를 지키도록 해야 한다고 주장했다(행 15:5). 이 사안에 대하여 야고보는 이방인 중에서 하나님께로 돌아오는 자들을 괴롭게 하지 말 것을 강조하면서 "다만 우상의 더러운 것과 음행과 목매어 죽인 것과 피를 멀리하라"(행 15:19~20)는 안을 제시했다. 따라서 야고보는 언약 공동체인 교회 안에서 발생한 이러한 차별, 업신여김, 비방, 법정 싸움을 잠재우고 그리스도의 가르침을 따라 신앙과 행함이 균형을 이루는 교회 성도가 되도록 지도하려고 이 서신을 기록한 것이다. 야고보는 이 서신에서 부자와 가난한 자 그리고 부(富)의 소유와 활용에 대해 언급하면서 부자와 가난한 자 사이에 존재했던 차별과 갈등을 사랑과 실천을 통해 해결하려고 한다.

　야고보의 강조점은 부자와 가난한 자 사이에서 신앙의 갈등을 유발할 수 있는 차별을 잠재우고 신자가 취하고 행동해야 할 윤리적이고 실천적인 교훈을 확립하는 것이다. 이러한 야고보의 가르침은 바울의 가르침과 일맥상통한다. 바울은 남자나 여자나 종이나 자유인이나 부자나 가난한 자나 다 그리스도 안에서 하나라는 사실을 강조했다. 그는 갈라디아교회에 보내는 서신에서 "너희는 유대인이나 헬라인이나 종이나 자유인이나 남자나 여자나 다 그리스도 예수 안에서 하나이니라"(갈 3:28)라고 했다. 이러한 바울의 강조는 그리스도 안에서는 차별이 없다는 것을 단언한 것이다. 그렇다면 야고보는 부자와 가난한 자 사이의 차별에 대하여 그리고 물질의 소유와 부의 활용에 대하여 오늘날 그리스도인에게 무엇을 가르치고 있는가? 이러한 질문과 함께 필자는 부자와 가난한 자가 공존하는 교회 공동체와 사회에서 그리스도인은 물질의 소유와 부를 어떻게 활용할 것인가에 대한 교훈을 밝혀내고, 그 교훈에 따라 실천하도록 강조하려는 것이다.

그리스 로마 시대의 사회경제적 상황과 야고보서 사이에 연관성은 없는가?

오순절 성령강림과 함께 시작된 초대 기독교회는 예루살렘을 중심으로 급속하게 성장했다. 일부 학자들은 초대 기독교를 '유대적 기독교'라고 말한다. 유대인들로 시작된 초대교회에 헬라파 개종자들이 들어오고 유대 당국자들은 헬라파 개종자들을 배척하면서 긴장이 발생하기도 했다. 초대교회 당시 팔레스타인을 통치했던 로마인들은 유대인과 그리스도인을 동일한 집단으로 생각했으나 근본적으로 유대인과 그리스도인은 별개의 종교집단이었다. 그리스도인 공동체는 교회(*ekklesia*)란 용어로 표현했고 유대인 공동체는 회당(*synagogue*)이란 용어로 표현했다.

이렇게 급속하게 발전하던 그리스도인 공동체는 스데반의 순교(행 7:54~60) 이후 공동체 회원들이 유다, 사마리아, 가이샤라, 다메섹, 안디옥 그리고 구브로까지 흩어지게 되었다. 유대인의 박해로 인한 혼돈의 시기에 베드로와 주의 동생 야고보가 예루살렘교회를 지도했다(행 15:7~21, 21:18; 갈 1:19). 야고보가 예루살렘교회를 지도할 때 그리스도인 공동체 안에서도 두 부류의 신자들로 갈등을 겪고 있었다. 유대인 그리스도인 가운데 어떤 자는 이방인에게 할례를 행하고 율법을 지키라고 명령해야 한다고 주장했다(행 15:5). 그러나 베드로는 그리스도인은 은혜로 구원받음을 강조하면서 율법의 멍에를 그들에게 지우지 말 것을 주장했다(행 15:10~11). 그리고 야고보는 유대교의 옛 관행들이 신약 시대의 그리스도인에게 적용되지 않는다는 것을 강조하면서 단지 유대인들이 불쾌하게 여기는 어떤 것들을 이방인들이 삼가도록 권유했다(행 15:13-20).[8]

초대교회의 중심 무대였던 예루살렘이 주후 69년에 로마인들에 의해 포위당했고, 70년에 디도(Titus) 장군이 이끄는 로마 군인들에게 함락되었다. 특별히 황제 하드리아누스(Hadrian, AD 117~138) 통치 당시 팔레스타인에 있던 교회는 다 없어졌다.[9] 이 당시 유대인과 초대 그리스도인 공동체의 사회경제적 상황은 확연하게 차별이 있었다. 종교적 신앙에도 차별이 존재했고(행 15:9), 사회경제적 활동에도 차별이 존재했다(약 2:1-4). 유대인들은 정치적이고 상업적인 집단으로 발전했다. 유대교의 제사장들, 성전관리인들 그리고 사두개인들(Sadducees)은 상류층 계급에 속한 자들이었고 그들의 경제생활은 상당히 높은 수준이었다. 재물을 많이 소유한 자(마 19:22), 포도원을 소유한 주인(마 20:1~16), 부자 주인(눅 16:1~13) 그리고 돈을 좋아하는 바리새인들(Pharisees)이(눅 16:14) 있었다. 예수님께서 언급한 부자들은 거의 유대인들이었다.

---

8) 유대인들이 불쾌하게 생각했던 것들은 우상의 제물, 불법적인 성관계나 유대 결혼법 위반으로 드러나는 음행, 고기 안에 피가 남아있는 목매어 죽인 고기 그리고 피 자체였다. Marshall, I. Howard. *Tyndale New Testament Commentaries Acts*, 왕인성 옮김, 『사도행전』(서울: CLC, 2016), 405~406.

9) Walker, Williston. *A History of the Christian Church*, 류형기 옮김, 『기독교회사』(서울: 한국기독교문화원, 1980), 24.

그리스 로마 시대에 돈을 버는 방법은 토지를 많이 소유하는 것이었다. 토지를 경작하거나 세를 주어 그것에서 수입을 얻었다. 당시 상류층 사람들은 소수였지만 상당한 부와 명예를 누리는 귀족들인 반면 절대다수의 하층민들은 가난한 자들이었다. 이렇게 형성된 두 집단 사이의 경제적 차이는 매우 컸다. 이런 부자와 가난한 자 사이의 커다란 불균형 때문에 신약성경에 부자들에 대한 증오심이 나타나 있다. 그리스 로마 시대에는 개인이나 공동체가 가난한 이웃을 사랑해야 한다는 의식을 가지지 않았다. 구약의 선지자들은 가난한 자의 구제에 높은 가치를 부여했지만, 예루살렘 멸망 전까지 기독교로 개종하지 않은 유대인 사이에서 자선단체가 존재했다는 명백한 증거는 없다.[10]

야고보는 이러한 사회경제적 상황을 누구보다 더 잘 알고 있었다. 흩어진 열두 지파의 사람들은 유대인 부자들로부터 차별을 받았으며, 여러 가지 시련과 유혹을 당하고 있었다. 특별히 유대인의 회당 안에서는 그 차별이 분명하게 드러났다(약 2:1~4). 따라서 야고보는 그리스도인 형제들에게 인내할 것을 요청했고(약 1:1~4), 부자들의 부(富)도 언젠가 풀의 꽃과 같이 지나갈 것이며(약 1:10), 인생도 잠깐 보이다가 없어지는 안개와 같다(약 4:14)고 했으며, 부한 자들의 부도 종말에 쓸모없는 것으로 전락할 것임을(약 5:1~6) 경고한 것이다. 야

---

10) Bell, Albert A. *Exploring the New Testament World*, 오광만 역, 『신약 시대의 사회와 문화』(서울: 생명의말씀사, 2001), 338-340.

고보서는 "육신의 죄는 특별히 비난하지 않으나 유대인들이 더욱 잘 범하는 죄(罪)인 돈을 사랑하는 것이라든지 돈을 낼 수 있는 사람인가를 알아서 차별 대우하는 것(약 2:2-4)에 대해 통렬히 비난했다."[11]

무엇에 대한 행함을 강조하는가?

야고보서를 연구하고 설교하는 자들은 한결같이 야고보는 행함(deeds or actions)을 강조한다고 말한다. 물론 행함이 야고보가 그의 서신에서 강조하려는 주제(theme)처럼 보인다. 그렇다면 무엇에 대한 행함을 강조하고 있느냐는 질문이 제기된다. 야고보가 행함을 강조하는 말씀을 연구하면서 그 주제가 무엇인가를 찾아야 할 필요가 있다. 필자는 야고보가 행함을 요구하는 주제는 부자와 가난한 자에 관한 주제라고 생각한다. 야고보는 이 주제를 반복적으로 언급하면서(약 1:9~11; 2:1~7, 14~17; 4:13~17; 5:1~6) 그리스도인은 부를 어떻게 얻고 사용해야 하는가와 가난한 자는 어떤 신앙의 자세로 살고 행동해야 하는 가를 가르친다. 알렉 모티어(Alec Motyer) 역시 야고보서에서 가장 많이 언급되고 있는 주제가 부자와 가난한 자에 대한 주제라고 했다.[12]

---

11) 민영진 외(편집), 『성서백과대사전』, 제7권, 801.

12) Motyer, Alec. *The Message of James* (England: IVP, 1985), 16.

채영삼은 야고보서는 '가난과 부의 대립' 그리고 '가난한 자와 부자의 대립'을 내세우고, "부자나 부를 무조건 부인하고 가난이나 가난한 자를 무조건 칭송하고 옹호하는 입장을 표명하지 않는다"는 점을 밝혔다.[13] 그러나 야고보는 수신자들에게 "주변의 가난한 이웃들을 향한 마땅한 긍휼도 잊어버린 말뿐인 믿음"의 문제를 제기한다. 이 말뿐인 믿음을 행함으로 승화시키려는 야고보의 요청이 무엇인가? 야고보가 행함을 요구하는 본문들을 다루면서 행함이 무엇과 관련되어 있는가는 밝혀져야 한다.

첫째, 야고보서 1:22~25에서 이 서신의 저자는 "말씀을 듣고 행하는 자가 되고"(be doers of the word)라는 것을 반복하여 강조했다. 이 구절에서 야고보가 말하는 "말씀"을 1:21에서는 "너희 영혼을 능히 구원할 바 마음에 심어진 말씀"(the implanted word, which is able to save your souls)으로 표현했다. 여기 "심어진 말씀"(톤 엠프톤 로곤)은 무엇을 뜻하는가? 이 말씀은 복음에 의해 신자에게 주어진 구원하게 하는 복음을 가리킨다. 채영삼은 "이는 복음의 말씀을 가리킨다"고 해석했다.[14] 그렇다면 1:25에서 야고보가 말하는 "자유롭게 하는 온전한 율법"은 무엇을 의미하는가?[15] '자유의 율법'(the law of liberty)은 '진리의 말씀'(18)이나 '마

---

13) 채영삼, 『지붕 없는 교회—야고보서의 이해』, 32.

14) Ibid., 134.

15) Greek-English New Testament(RSV)는 "자유롭게 하는 온전한 율법"을 '온전한 법'(the perfect law) 곧 '자유의 법'(the law of liberty)으로 번역했다.

음에 심어진 말씀'(21)과 깊은 관련성이 있다. 이런 관계에서 '자유의 법'은 복음으로 자유하게 된 법을 말한다. 야고보는 이것을 구약의 율법과 대조하여 설명한다. 구약의 율법은 완전하지 못하며, 사람을 속박하여 사망에 이르게 한 것을(롬 7:10) 그리스도께서 오셔서 완전 자유하게 하셨고(요 8:32; 갈 5:1), 그는 율법의 성취자가 되셨다(마 5:17). 그렇다면 야고보가 요구하는 행함(works)은 예수 그리스도께서 가르치신 자유롭게 하는 온전한 율법, 즉 복음의 말씀을 따라 행하라는 것이다. 그래서 "자유롭게 하는 온전한 율법을 들여다보고 있는 자"(he who looks into the perfect law, the law of liberty)는 행함을 실천하는 자(a doer that acts)라고 한 것이다. 야고보가 강조하는 '행함'이란 '행하는 자'(doer)를 의미한다. 야고보가 강조하는 행함의 의미는 단순히 행하는 대상으로서가 아니라 그와 함께 말씀의 내용을 실천하는 '열매 맺는' 행함을 의미한다.

복음(gospel)이란 영혼을 구원하기 위해 예수 그리스도께서 이 세상에 오심, 고난받으심, 십자가에 죽으심, 부활하심, 승천하심 그리고 다시 오심에 대한 기록이다. 그러나 야고보가 이 서신에서 강조하려는 또 하나의 복된 소식은 예수 그리스도를 믿는 성도의 경건한 삶에 관한 것이다. 야고보는 성도의 정결하고 세속에 더럽혀지지 않은 경건한 삶이란 "곧 고아와 과부를 그 환난 중에 돌보고 또 자기를 지켜 세속에 물들지 아니하는" 것이라고 했다(약 1:27). 여기서 야고보가 말하는 고아와 과부는 1:9에서 언급한 '낮은 형제'로 볼 수 있다. '낮은 형제'(the lowly brother)는 1:10~11의 '부한 자'(the rich)와 대비할 때 물질적으로 궁핍한 자를 말한다. 따라서 물질적인 궁핍함에 처해 있는 고아와 과부를 돌보는 행함은 말로써만 하는 것이 아니라 물질의 소유나 자신이 가진 부로 섬기는 것이다. 이것이 말씀, 즉 복음을 듣고 행하는 행함이다. 말씀을 듣고 말씀의 지배를 받아 실천하는 행함을 강조한 것이다. 행함이 없는 믿음은 공허한 믿음, 말뿐인 믿음으로 전락한다.

야고보가 말하는 믿음과 행함의 문제를 묵상할 때, 믿음과 행함이 서로 충돌하는 것처럼 보인다. 그러나 충돌하는 것은 믿음과 행함이 아니라 오히려 행함이 있는 믿음과 행함이 없는 믿음이다. 신자에게 있어서 행함은 하나님의 명령적 말씀을 진실로 받아들일 때 생긴다. 그래서 행함은 말씀으로부터 자극되어 믿음으로 실천하는 행위이다. 따라서 말씀을 듣기만 하고 행하지 못하면 그에게는 열매가 없으나 행함을 실천하는 자는 복(makarios)을 받는다(약 1:23~25).

둘째, 야고보는 2:1~7에서 가난한 자와 부자를 대비하여 설명하면서 부자의 부정적인 행위에 대하여 언급했다. 그러면서 야고보는 사람을 차별하여 대하지 말 것을 강조하면서 율법에서도 요구하고, 예수 그리스도께서도 새 계명으로(요 13:34~35) 주신 이웃을 네 몸과 같이 사랑하라고 하신 '최고의 법'(the royal law)을 지키라고 말한다(약

2:8).[16] '최고의 법'은 "네 이웃 사랑하기를 네 자신과 같이 사랑하라 나는 여호와이니라"(레 19:18)에 근거한 법이다. 예수님께서도 구약의 율법을 하나님 사랑과 이웃 사랑으로 요약하셨다. 야고보도 예수님에게서 배운 '이웃 사랑'을 '최고의 법'으로 표현했다. 그가 강조하는 '최고의 법'은 바로 이웃에 대한 사랑의 실천이다. 그렇다면 야고보가 사랑을 실천하라고 요구하는 이웃은 누구인가? 이 사랑의 실천 요구는 2:1~7에서 언급한 내용과 연결되어 있다. 야고보서 2:1~7의 내용 안에서 부자들로부터 차별 대우를 받는 자들은 다름 아닌 가난한 자라는 것이다.

그래서 야고보는 이 본문 안에서 부자들이 가난한 자를 어떻게 차별하는가와 하나님은 어떻게 가난한 자를 대우하시는가를 언급한 것이다(약 2:2~6). 그러면서 야고보는 2:2~6에서 부자와 대비하여 "가난한 자"(ptokos)란 표현을 네 번이나 반복했다. 야고보는 가난한 이웃에 대한 사랑의 실천이 그들을 긍휼히 여기는 것이라고 했다. 따라서 그는 더욱 엄격하게 "긍휼을 행하지 아니하는 자에게는 긍휼 없는 심판이 있으리라 긍휼은 심판을 이기고 자랑하느니라"(약 2:13)라고 했다. 야고보가 판단할 때 가난한 자를 차별하여 대우하거나 학대하는 것은 그리스도의 최고의 법인 복음의 가르침에 벗어난 행위로 하나님의 심판을 피할 수 없다는 것이다. 야고보는 이웃을 긍휼히 여기

---

16) 야고보가 2:8에서 언급한 '최고의 법'을 영어 성경들은 '왕의 법'(the royal law)으로 번역했다. 이것은 만왕의 왕이신 하나님께서 명하신 최고의 법을 표현한 것이다.

라는 주님의 가르침을 들었거나 알고 있었을 것이다. 예수님은 "긍휼히 여기는 자는 복이 있나니 그들이 긍휼히 여김을 받을 것임이요"(마 5:7)라고 가르쳤다.

야고보는 더 나아가 2:15~17에서 긍휼의 실천으로서 헐벗고 일용할 양식이 없는 형제자매에게 그 몸에 쓸 것을 공급해 주라는 것을 말한다. "그 몸에 쓸 것"(the things needed for the body)이 무엇인가? 몸, 즉 육신을 위해 필요한 것들이다. 육신을 위한 것들이 무엇인가? 먹을 음식이고, 마실 음료이고, 입을 옷들이고, 거처할 가정이 아닌가. 바로 이것을 위해 필요한 물질을 공급해 주라는 것이다. 물질적으로 어려운 사람에 대하여 말로만 동정하고 실제로 도움을 주지 못하면 아무런 소용이 없다는 점을 강조한 것이다. 물질이 필요한 자에게 "그 몸에 쓸 것"을 공급해 주는 것이 믿음으로 행함(works by faith)이라는 것이다. 그래서 "이와 같이 행함이 없는 믿음은 그 자체가 죽은 것이라"고 말한 것이다.

야고보는 더 나아가 2:25에서 구약에서 기생 라합이 행한 것을 예로 들어 설명한다. 여리고성의 기생 라합(Rahab)이 여리고성을 정탐하기 위해 여호수아가 보낸 두 사람을 숨겨준 사실을 믿음으로 접대한 것을 그녀의 행위로 설명했다. 이것이 믿음으로 행한 라합의 접대였다(히 11:31). 야고보는 라합의 정탐꾼에게 접대한 그녀의 행동을 "행함으로 의롭다 하심을 받은 것이 아니냐"고 반문한 것이다. 이것은 예수님께서 가르치신 황금률과도 관련이 있다. 예수님은 마태복음 7:12에서 이렇게 말씀하셨다.

> 그러므로 무엇이든지 남에게 대접을 받고자 하는 대로 너희도
> 남을 대접하라 이것이 율법이요 선지자니라

셋째, 야고보는 3장을 시작하면서 말보다 행함을 강조한다. 많은 말에는 실수가 있을 수 있으니 말을 적게 하라는 것이다. 그러면서 야고보는 3:13에서 "선행으로 그 행함을 보일지니라"고 말한다. 야고보에게 있어서 말의 참된 의미는 그 행함에 있다. 말보다 행함으로 보여야 하는 그의 선행(his good life)은 지혜의 온유함으로 나타나야 한다는 것이다. 채영삼은 '지혜의 온유함'의 의미를 "(i) 지혜에서 온유함이 나오거나(근원), (ii) 온유함 자체가 지혜이거나(동격), (iii) 지혜의 특성 자체가 온유함일 수 있다(성격)"고 했다.[17] 야고보는 그 지혜의 온유함은 하늘로부터 주어지는 지혜라고 말한다. "오직 위로부터 난 지혜는 첫째, 성결하고 다음에 화평하고 관용하고 양순하며 긍휼과 선한 열매가 가득하고 편견과 거짓이 없나니"(약 3:17).

야고보서 3:13~18의 내용은 야고보서 4:1~6과도 연결되어 있다. 지혜의 온유함에 대한 요구는 '세상과 벗 된' 문제에 대한 결정적인 해결책을 제시하는 문맥에서 그 절정을 이루게 된다. 위로부터 오는 지혜에 근거한 선행은 세상과 벗(friendship)하지 않는다는 것

---

17) 채영삼, 『지붕 없는 교회─야고보서의 이해』, 250.

이다(약 4:1-6). 세상과 벗한다는 것은 무엇을 의미하는가? 그것은 재물이나 부를 소유하려는 것과 관련되어 있다. 세상의 것을 사랑하고 세상과 짝한다면 하나님은 그 안중에 없다. 하나님과 단절된 세상의 것들만 바라보는 것이다. 세상의 것으로 가득 채우려는 욕심만 가득하면 하나님과 가난한 이웃이 보이지 않는다. 그래서 야고보는 욕심으로 얻으려 해도 얻지 못한다고 했으며, 시기하면서 취하려 해도 취하지 못한다고 했다(약 4:2). 정욕으로 쓰려고 잘못 구하기 때문에 구하여도 받지 못한다(약 4:3)고 했다. 얻지 못하고, 취하지 못하고, 받지 못하는 것이 무엇인가? 그것은 재물이나 부이다. 재물이나 부는 하나님의 손에 달려있고, 하나님께서 주셔야 복이 되며, 누릴 수 있는 것이다.

물론 야고보는 재물이나 부를 부정하지 않는다. 그것들을 정죄하지도 않는다. 그렇다고 그것들을 찬양하지도 않는다. 그는 부자이든 가난한 자이든 물질과 부 때문에 시험에 들기도 한다는 것을 알고 있다. 그렇다면 물질과 돈의 유혹에서 벗어나고, 세상과 벗하는 행동에서 벗어날 수 있는 길은 없는가? 바로 그 길을 야고보는 제시한다. 하나님을 믿는 믿음과 그의 말씀 안으로 돌아와야 한다. 하나님께 기도하는 자리에 나아와야 한다. 하나님은 기도하는 자에게 후히 주시고 꾸짖지 않는 분이시다(1:5). 따라서 야고보가 그의 서신에서 강조하는 행함은 자신을 위하여 물질과 돈을 모으고, 쌓고, 사용할 것이 아니라 그것들을 통해 가난한 이웃에게 사랑을 실천하라는 것이다. 이러한 사랑의 실천이 선행이라는 점을 강조하려는 것이다. 이렇게 하는 것이 행함으로 보여야 하는 선행이다. 따라서 야고보서를 설교하는 자들은 이 강조점을 간과하지 말아야 한다.

이 서신의 해석적 난제는 무엇인가?

필자는 야고보서의 내용을 종합적으로 검토하여 내용을 구성한 후에 야고보서가 언급하고 있는 부에 관한 개념과 부한 자들이 누구인가에 대한 신학적 관점을 설명할 것이다. 이 글을 쓰면서 부자와 가난한 사이에서 일어난 차별, 비방, 업신여김, 법정 싸움과 같은 갈등을 해결하고 부자들에 대하여 경고하는 문제를 풀어가기 위해서는 "흩어진 열두 지파"(약 1:1)가 누구를 지칭하는 것인가에 대한 분명한 답변이 필요하다. "흩어진 열두 지파"의 사람들은 누구인가? 첫째, 구약에서 열두 지파를 형성했던 이스라엘 백성 가운데 '디아스포라' 된 유대인을 말하는지? 둘째, 전 지역에 흩어져 살아가는 신약 시대의 그리스도인을 말하는지? 셋째, 개종한 유대인 그리스도인을 말하는지? 이 점이 밝혀져야 할 것이다.

또 야고보가 경고의 메시지를 던지는 부자들은 흩어져 있는 개종한 유대인 부자들을 말하는 것인지, 아직 회심하지 못한 세상의 부한 자들에 대하여 말하는 것인지, 아니면 그 당시 로마의 통치하에 종교적 특권을 누리는 종교 지도자들과 정치 권력자들에 대하여 말하는지가 분명히 밝혀져야 한다. 그리할 때 저자가 야고보서 5:1~6에서 언급하는 부자들이 누구이며, 왜 그들에게 경고의 메시지를 전하고 있는가에 대한 의문이 풀려갈 것이다. 이 문제를 이해하지 않고 부자에게 던지는 경고의 메시지를 그리스도인 부자들을 겨냥하여 설교하거나 가르치면 엄청난 파장이 일 것은 물론이고, 기독교 안에 부자들은 사라지고 가난한 자들만 우글거려야 한다는 결론에 이르게 된다.

따라서 성경을 함부로 다루어 성경 기록과 목적에서 벗어나는 일이 없도록 해야 한다. 정말 말씀 연구에 진실하고, 성경이 가르치는 목적에서 벗어나지 않고, 시대적 상황을 파악하여 오늘의 삶에 바르게 적용하여 성숙해 가는 성도로 성장시키는 것이 교회와 목회자의 사명이 아닌가! 말씀이 메마른 곳에 영혼도 메마른다. 말씀의 능력이 없는 곳에 영혼도 시들어간다. 목회자의 사명은 영혼을 하나님의 말씀으로 살리는 일이다. 서창원 교수는 이렇게 안타까움을 표현했다.

> 오늘날 설교자들의 설교에 능력이 별로 없고 메시지 자체가 깊이가 없는 가장 큰 원인이 있다면 철저한 말씀 연구와 기도 생활을 등한이 하고 있기 때문이다. 말씀 연구하는 시간이나 기도시간보다 교회 업무 혹은 노회나 총회 행정적인 일들과

정치적 사안들에 분주하게 돌아다니기 바쁘다. 동역자들과의 만남에서조차 업무적인 대화 외에 영적인 대화와 함께 기도하는 시간은 거의 가짐이 없다. 홀로 가지는 개인적 경건을 한다고 하지만 새벽기도회라는 의무적 행사 치름이 대부분이고 주님과 더 가까워지며 그 말씀과 더불어 씨름하는 시간은 많지가 않은 것이다. 설사 말씀을 연구하고 준비하는 것이 있어도 그것이 심령의 변화를 나타내지 못하는 것은 말씀 연구와 설교사역이 교회 성장의 도구로 여겨지기 때문이다. 설교는 교회 성장의 도구가 아니라 영혼 구원의 도구이다.[18]

채영삼은 말씀을 떠나 입맛대로 설교하는 것을 '죄'라고 표현했다. 그는 이러한 설명으로 한국 교회 설교자들의 가슴에 찔림을 주고 있다.

하나님의 말씀을 그대로 전하지 않고, 말씀을 빙자해 세속적 가치관을 독버섯처럼 퍼뜨려 강단을 속되게 하는 것은 이루 말할 수 없이 중한 죄이다. 오늘날 이런 식으로 말씀을 빙자하여 '자기 입맛대로' 설교하는 설교자들은 교회를 미혹에 빠뜨린다. 퍼즐 하나하나를 보면 모두 성경 말씀이고 조각조각은 다 틀림없이

---

18) 서창원, "조지 윗필드의 경건생활과 사역", 「조지 윗필드 목사의 생애와 설교사역」, 한국개혁주의설교연구원 설립 23주년 기념 세미나, 2015년 8월 17~18일, 117.

성경에서 가져온 말씀들이다. 하지만 그것 전체를 짜 맞추어
하나의 틀로 제시하는 것은 그 설교자가 이미 갖고 있는 보이지
않는 그림이다. 그 그림이 지극히 현세적이고, 세상이 썩어지고
더럽고 허무한 것들을 그 어느 것보다 더 간절히 사모하는
복으로 여길 때, 성도들은 속고 교회는 한없이 더러워진다.
미혹하는 자가 따로 있을까? 어찌하여 이런 속된 복음이 거룩한
강단을 지배하게 되었을까? ... 말씀을 제대로 배우라. 남의
말을 들어도, 중간에 한두 마디만 떼어서 그것을 왜곡하고, 제
입에 맞게 골라 퍼뜨리면 그게 죄악이 아니고 무엇인가? 하물며
하나님의 말씀이랴. 그 한 조각의 말씀 속에서도 전체의 뜻을
들으려 해야 한다. 그래서 그 말씀으로 하여금 먼저 당신이 갖고
있는 그 마음의 동기를 샅샅이 폭로하게 해야 한다. 그 말씀들이
칼이 되어 뼈마디를 쪼개듯이, 당신이 이미 마음에 품고 있는
이 세상에 속한 썩어지고 더럽고 헛된 가치관들을 사정없이
베어버리게 해야 한다. 그 불방망이 같은 말씀이, 당신이 그
말씀을 입맛대로 요리하기 전에 먼저 그 더러운 혀와 세상으로
나뉜 마음에 불붙여 뜨겁게 타버리게 해야 한다. 거룩한
강단에서 세상을 설교하고 세상을 팔고 세상을 끌어들여 거룩한
주의 교회를 더럽히느니, 차라리 입을 열지 않는 편이 낫다.[19]

---

19) 채영삼, 『십자가와 선한 양심』 (서울: 이레서원, 2014), 75-76.

야고보는 부(富)와 부자(富者)를 정죄하는가?

채영삼 교수가 지적한 대로 한국 교회를 말씀으로 다시 살려야한다. 한국 교회 모든 목회자가 기도하는 일과 말씀 전하는 일에 힘쓸 때 말씀의 능력이 나타날 것이며, 성도들을 성숙하게 성장시키며, 영혼을 말씀으로 살려내는 존귀한 사명을 잘 감당하리라 믿는다. 이렇게 성실히 사명을 감당하려는 목회자들의 노력과 헌신이 한국 교회를 살리는 길임을 알고 오직 말씀 연구와 기도에 생명을 거는 목회자들이 많이 일어나길 소망한다.

2

야고보서의
부와 부자에 관한
신학적 논의

2. 야고보서의 부와 부자에 관한
신학적 논의

부의 개념에 대한 신학적 진술

야고보서는 '부'(*plousios*)라는 단어를 여섯 번 사용하고 있다(약 1:10, 11; 2:5, 6; 5:1, 2). 야고보서에 나타난 이 '부'(富)를 어떤 상태와 관련시키고 있는가를 이해하는 것이 필요하다. 신약성경에서는 '부'(富)란 단어가 돈이나 물질과 관련되었을 땐 문자적으로 표현되었고 비물질적인 믿음이나 영적인 상태와 관련되었을 땐 은유적으로 표현되었다. 야고보 역시 '부'라는 말을 영적인 상태와 물질적인 상태를 표현하는 말로 똑같이 사용하고 있다. 특별히 야고보서 2:5에 언급된 '부'(rich in faith)는 믿음과 관련되어 은유적으로 표현되어 있다.[1] 그 외에 야고보서에 나타난 '부'의 개념은 물질적 소유의 양에 따른 상대적 개념으로 사용되어 있다. 소유의 관점에서 어느 한 사람이 다른

---

1) Vine, W. E. *Expository Dictionary of New Testament Words*, vol. Ⅲ, (London: Oliphants, 1940), 295.

한 사람보다 많이 갖거나 적게 갖는 것에 따라 부자와 그렇지 못한 자로 평가될 수 있다. 야고보서에서도 부자와 가난한 자 그리고 부와 재물을 비교하는 대비적 개념으로 사용되어 있다(약 2:5~6; 5:1~2). 따라서 서신의 저자가 부를 경제적 관점에서 가난한 자와 대비하여 설명하는 것으로 볼 때 물질 재산의 양이 많고 적음에 따라 부와 가난을 평가하는 것으로 이해할 수 있다.

언뜻 보면 야고보서에 나타난 부에 대한 언급은 상당히 부정적인 것처럼 보인다. 특별히 5:1~6에서 부자와 그가 소유한 부에 대하여 상당히 부정적인 관점에서 말하는 듯이 느껴진다. 그러나 일반적 관점에서 성경은 돈이나 부자에 대하여 부정적으로 비난하지 않는다. 모든 돈을 '부정한 돈'이라고 말하지 않는다. 성경은 돈이나 재물이 필요하지 않다고 말하지 않는다. 돈이 신앙생활에서와 교회 생활에 불필요하다고 말하지 않는다. 그러나 성경은 불의한 방법이나 부끄러운 방법으로 돈을 모았다면 '부정한 돈'으로, 또한 비난받아야 할 돈으로 가르치고 있다. 부정한 방법으로 돈이나 부를 소유한다면 돈의 소유자는 돈을 사랑하는 사람이 된다.

성경은 "돈을 사랑함이 일만 악의 뿌리가 되나니"(딤전 6:10)라고 말할 뿐이지 돈이나 부 자체가 일만 악의 뿌리가 된다고 말하지 않는다. 성경에는 하나님께서 승인한 많은 부자가 언급되어 있다. 부와 재물은 하나님이 주신 축복이요, 삶의 수단으로 주신 은혜의 선물이다 (창 12:2; 13:2; 24:35; 신 8:17~18; 욥 1:1~3, 10; 42:10~13). 야고보 역시 재산이나 부를 정죄하지 않는다. 그러나 부나 재산이 전부인 것처럼 그것들에 마음을 빼앗기고, 그것들을 부러워하거나 그것들을 자랑하는 것에 대하여 경고하고 있다. 따라서 야고보가 의도하는 바는 부나 돈을 부정적으로 비난하는 것이 아니라 하나님께서 허락하신 목적에 따라 부가 소유되고 활용되어야 한다는 것이다.

부자들(*hoi plousioi*)에 관한 신학적 해석

야고보서 저자는 이 서신을 "흩어진 열두 지파에게"(to the twelve tribes scattered among the nations, NIV) 보내고 있다(약 1:1). "흩어진 열두 지파"라고 지칭한 수신자들이 누구인가를 이해하는 것이 중요하다. 왜냐하면, 이들이 야고보로부터 부의 소유와 활용에 관련된 경고와 비난의 말을 듣고 있기 때문이다. 이들이 누구인지에 관해서 야고보서는 분명한 정보를 제공하지 않고 있다. 일반적으로 이들은 구약을 따르는 전통적인 유대인이라기보다 흩어져 살아가는 개종한 유대인 그리스도인으로 보아야 한다.[2]

채영삼은 "야고보서에서 '흩어진 열두 지파'는 예수님을 메시아로 맞아들인 유대인들과 그 믿음을 함께 받은 이방인들도 포함하는 신약의 교

---

2) Kent(Jr), Homer A. *Faith that Works,* (Grand Rapids: Baker Book House, 1986), 80~81, 174.

회들이다"고 했다.[3] 개종한 유대인들은 초기 기독교가 탄생될 때부터 사도들의 가르침에 따라 신약교회 공동체에 소속되어 있었다(행 2:42). 야고보는 신약교회 공동체를 형성하고 있는 그들을 주 예수 그리스도에 대한 믿음을 가진 "내 형제들"이라고 반복적으로 말하고 있다(약 1:2, 16, 19; 2:1, 5, 14; 3:1, 10, 12; 4:11; 5:7, 9, 10, 12, 19). 초기 기독교 공동체는 회당에서 유대인의 종교적 의식을 통하여 복음을 전했으나 유대인들의 반대에 봉착하여 회당을 벗어나 별도의 예배처소를 가지게 되었다. 야고보는 이러한 모임을 "교회"(ekklesia)라고 표현하고 있다(약 5:14).

이러한 기독교 공동체와는 달리 유대인 공동체는 '회당'(sunagoge)을 중심으로 모였으며, 부자와 가난한 자 사이에 차별이 심했던 것 같다(약 2:2-4).[4] 그래서 야고보는 주 예수 그리스도에 대한 믿음을 가진 기독교 공동체는 부자와 빈자를 차별하여 대우하지 말 것을 강하게 금지한다. 그러면서 회당에서 행해진 부자와 빈자를 차별하여 대우하는 일을 하나의 실례로 설명한다. 따라서 야고보는 야고보서 2:2~4의 내용을 실례로 들어 설명하면서 '왜냐하면 만일'(ean gar)로 시

---

3) 채영삼, 『지붕 없는 교회—야고보서의 이해』, 28. 그는 특별히 야고보가 '흩어진'이란 표현을 사용한 것은 하나님께서 보실 때 이스라엘을 '양 무리'로 표현하면서 자주 '흩어진 양 떼'로 묘사했다고 한다. 따라서 예수님께서는 자신의 사역을 통해 목자 없이 '흩어진' 이스라엘을 결정적으로 모으셨고, 이로써 이미 종말의 새로운 양 무리를 창조하셨음을 뜻한다고 했다. Ibid, 29.

4) 회당(sunagoge)의 기원은 바벨론의 이스라엘 침략과 바벨론 포로(B.C. 586) 시기로 본다. 70년 후 바벨론 포로에서 돌아온 자들이 예루살렘 성전을 복구한 후에도 곳곳에 회당은 존속되었고 성전과 회당을 병행하여 사용하면서 신약시대를 맞이했다.

작한 것이다. 그런데 야고보가 가난한 자와 부자의 행위를 비교하여 설명하는 2:6에서 문맥상 분명한 구분과 해석이 필요한 점이 있다.

야고서 2:6에서 가난한 자를 업신여긴 자가 누구인가? **'너희'**이다. 여기 **"너희는"** 2:1, 5에서 말한 **"내 사랑하는 형제들"**과 동격의 사람들이다. 믿음을 가진 형제들 안에서도 가난한 자에 대하여 유대인들처럼 차별하는 일이 발생한 것을 지적한다. 그런데 연결되는 말씀에서 야고보가 부자는 가난한 자를 억압하며 법정으로 끌고 가는 자라고 말한다. 필자는 여기서 **"너희"**와 **"부자"**를 동일 집단으로 볼 수 없다고 생각한다. 가난한 형제를 억압하며 법정으로 끌고 가고 **"그 아름다운 이름"**(주 예수 그리스도)을 비방하는 자들은 믿는 형제들이 아니라 켄트(Kent)가 언급한 것처럼 유대인 부자들 가운데 일시적으로 교회를 방문한 자로 보는 것이 옳다.[5]

그러면 또 야고보가 5:1에서 언급하는 부자들은 누구인가? 앞에서 언급했듯이 야고보는 교회 안에 있는 자들을 "내 형제들"이라고 반복적으로 언급했다. 여기 "내 형제들"이란 언급은 교회의 모든 형제 가운데 부자들을 지칭하는 것인가? 아니면 그들이 모이는 장소인 회당을 방문한 회심하지 못한 일부 부자들을 지칭하는 것인가? 이에 대한 설명이 요구된다.

타스커(Tasker)는 야고보가 5:1에서 말한 '부한 자들'은 "기독교 신앙을 고백한 부한 자들"이며, "그들 중 몇몇은 그들보다 덜 부요한 형제들을

---

5) Kent(Jr), Homer A. *Faith that Works*, 80~81, 174.

억압하고" 있는 자들이었다고 설명한다.[6] 타스커에 따르면 부한 자들 역시 그리스도인이라는 결론에 이른다. 그러나 다수의 주석가는 야고보서 5:1의 '부한 자들'을 신앙을 고백한 그리스도인이 아니며, 회중들 가운데 있는 아직 회심하지 못한 자들이라고 설명한다. 특별히 토마스 맨튼(Manton)은 야고보서 5:1에서 언급한 "부한 자들"이 신앙을 고백한 그리스도인이 아니라는 근거와 이유를 이렇게 설명한다.

> (1) 보통 다른 서신들이 수신자의 신적 소명이나 믿음에 대하여
> 분명하게 언급하고 있는 것과는 달리, 이 서신은 특정한 구별
> 없이 열두 지파를 대상으로 썼다는 사실에 있다. (2) 또 사도들은
> 그리스도인들에게 편지할 때, 엄숙하게 은혜와 평강을 기원한
> 것과는 달리, 야고보 사도는 '문안한다'(kaiseian)라는 일반적인
> 인사의 형태를 취하고 있다. (3) 세속적인 죄인들 또는 육적인
> 사람들을 일깨우려는 의도로서 평상시보다 훨씬 강압적이고
> 자극적인 문체를 사용했다. (4) 이 서신의 마지막 절(19, 20)을
> 보면 야고보 사도의 주된 의도는 불신자들을 개종시키려는
> 것으로 보인다. (5) 야고보 사도가 악한 부자들을 향해 말하지만,
> 실은 부자들을 위해서라기보다 경건한 자들에게 인내하도록

6) Tasker, R. V. G. *Tyndale New Testament Commentaries, The General Epistle of James*, (Grand Rapids: Eerdmans, 1999), 109.

격려하기 위한 것이라고 볼 수 있다.[7]

켄트는 야고보서 저자가 1:10~11에서 말하는 "낮은 형제"와 "부한 자"에 대한 언급은 교회 회중들 가운데 소속된 신자들을 포함한다고 보았다. 그 이유는 야고보서가 "내 형제들"을 지칭할 때 그들을 "예수 그리스도에 대한 믿음을 가진" 자로 기록하고 있기 때문이라고 했다. 그러나 야고보가 2:2~4에서 언급한 "남루한 옷을 입은 가난한 사람을" 멸시하고 있는 "금가락지"를 낀 자 그리고 "아름다운 옷을 입은 자"는 당시 교회 회중이라고 말할 수 없으며, 아마 그들은 일시적인 교회 방문자들로 보는 것이 옳을 것이라고 말했다. 채영삼은 믿는 형제들의 모임인 교회 안에 "부자와 가난한 방문자들이 들어오는 상황"에 대하여 묘사한다고 했다. 그러면서 부자와 가난한 자 둘 다 믿는 형제일 수도 있고 그렇지 않을 수도 있다고 했다.[8] 그러나 켄트는 2:6에서 교회 방문자들 가운데 불신 부자가 "너희(그리스도인 형제들)를 억압하며 법정으로 끌고 가는"(약 2:6) 자라고 했다.[9]

켄트는 야고보서 5:1~3에서 볼 때 부자들이 가진 금과 은이 녹슬게 되며, 녹이 "불같이 너희 살을 먹으리라"고 진술하고 있으며, 심판의 불에 의해 그들과 그들의 은금이 파괴될 것처럼 묘사하고 있

---

7) Manton, Thomas. 황영철 옮김, 『야고보서(하)』(서울: 아가페출판사, 1987), 237.
8) 채영삼, 『지붕 없는 교회—야고보서의 이해』, 164-5.
9) Kent(Jr), Homer A. *Faith that Works*, 81.

다. 이러한 진술로 볼 때 야고보서가 지칭하는 부자들은 사회에서 가난한 자를 억압하는 회심하지 못한 불신 토지 소유자나 부자들로 평가할 수 있다는 것이다.[10] 칼빈(Calvin)은 야고보서가 "돈 많은 계층의 부당한 지배를 빗대어" 말하는 것으로 해석했다.[11]

찰스 브라운(Charles Brown)은 야고보서 5:1~6의 구절은 분명히 그리스도인에 관하여 말하는 것이 아니라고 했다. 이 본문 안에서 그리스도인을 지칭하는 '형제'란 용어가 전혀 사용되지 않았다. 야고보서 전반부에서 보았듯이 이 시기에 그리스도인을 억압했던 자들은 부자들이었다. 그들은 그리스도의 이름을 모독했고, 그의 동료들을 억압했으며, 그들을 정의의 법정으로 끌고 간 자들이었다고 했다.[12] 브루스(F. F. Bruce) 역시 초대교회 당시에 유대인들 사이에도 이와 유사한 차별이 있었다고 진술한다. 회당을 드나드는 회중들 가운데 유대인들과 유대교회 개종한 자들뿐만 아니라 하나님을 막연히 경외하는 이방인들도 있었다고 했다.

> 이방인들은 느슨하게 유대인이 예배와 생활양식에 접속된 자들로서 유대인의 공동체에서 개종자들처럼 협력하여 '천국의 멍에를 스스로 걸머지는' 자리에까지는 이르지 아니하였다.

---

10) Ibid.

11) Calvin, John. 『신약성경주석』 제4권 (서울: 신교출판사), 1978. 357-358.

12) Brown, Charles. *The General Epistle of James, A Devotional commentary* (London: The Religious Tract Society, 1906), 107-108.

남자들의 경우는 개종자가 되는데 할례가 통상적으로 포함되었기 때문에, 남자들보다는 여자들이 더 많이 최종적 결단을 내리는 것은 당연하다. 하나님을 경외하는 자들로 남아있는데 만족하는 자들은 그들이 아무리 많은 유대인의 윤리적 종교적 관습에 헌신하고 유대인의 선한 대의(大義)에 참여함에 있어서 관대하다 할지라도 방관자에 불과했다.[13)]

따라서 학자들의 연구와 해석을 종합할 때, 야고보가 2:6과 5:1~6에서 언급한 부자들(너희)은 그리스도인을 지칭하는 것이 아니라 일시적으로 교회를 방문한 불신 토지 소유자들이나 부자들을 지적한 것으로 보아야 한다. 야고보는 이 서신을 통해 주 예수 그리스도에 대한 믿음을 가진 형제 중에서도 부한 자와 가난한 자가 공존하고 있다는 것을 알려준다. 따라서 한편으로 부한 자들이 낮은 형제들을 어떻게 대우해야 할 것인가와 반대로 물질적이고 사회적으로 비천한 낮은 형제들은 하나님과 재물 사이에서 발생하는(약 1:8) 시련과 시험을 기쁘게 여기며 인내할 것을 권면한다(약 1:2~4).

다른 한편으로는 믿음의 공동체 안에 있는 가난한 자를 업신여기고, 억압하고, 법정으로 끌고 가고, 비방하고(약 2:6~7), 가난한 자의 품삯을 약탈하고, 의인을 정죄하고 죽이는(약 5:4, 6) 불신 토지 소

---

13) Bruce, F. F. *New Testament History*, 나용화 역, 『신약사』 (서울: 기독교문서선교회, 1978), 177.

유자들이나 부자들에게 경고의 메시지를 던지고 있다. 그러므로 야고보서 5:1~6의 말씀은 부자들의 부의 사용에 대해 훈계하려는 것보다 부를 의존하고, 부를 축적하고, 부의 은혜를 오용하고 있는 사람들에게 임할 신적인 심판을 제시하고 있으며, 동시에 세상의 부에 유혹받기 쉬운 그리스도인에 대하여 주께서 강림하시기까지 인내하고, 서로를 돌아보고 기도하며, 물질에 유혹되어 진리에서 떠난 자들을 돌아오게 하는 일을 위해 살아가도록 주신 말씀으로 보아야 한다.

3

부자의 재산
축적과 사치에 대한
야고보의 폭로

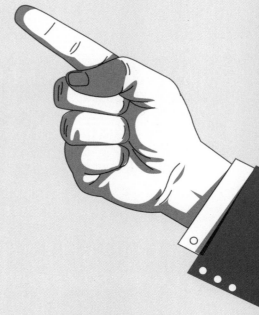

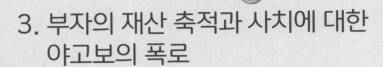

3. 부자의 재산 축적과 사치에 대한 야고보의 폭로

부자의 임금 착취와 재산 축적

야고보가 본 서신에서 부자들에게 던지는 경고의 메시지는 이 시대에도 똑같이 적용되는 말씀이다. 어느 시대이든 사회가 공정한 법과 규칙에 따라 정의롭게 움직인다면 불의하지도 않고 세속적이지도 않은 부자들이 많을 것이다.. 야고보는 당시 부자들의 부의 오용과 악용에 대하여 2:6~7과 5:1~6에 신랄하게 지적했다. 야고보는 5:1에서 부한 자들에게 "들으라"(age)고 외치면서 부자들을 하나님의 심판 자리로 불러내고 있다. 야고보서 5:1~6에 언급된 불의하고 세속적인 부자들은 아마도 믿지 않는 사람들일 것이다.[1] 여기에서 말하는 부(富)한 자들에는 사회 공동체 내에서 다양한 직업과 위치에 있는 자들이 다 포함되어 있다고 보아야 한다. 야고보가 언급하는 부자들이 소유한 부는 이들의 직권 남용과 임금의 착취와 관련되어

---

1) 채영삼, 『지붕 없는 교회—야고보서의 이해』, 328.

있다. 야고보는 하나님을 잊고 이웃을 잊은 세속 부자들이 자신들의 부의 축적을 위해 노동자들이 밭에서 땀을 흘리고 수고한 삯을 탈취했다고 고발한다.

> 보라 너희 밭에서 추수한 품꾼에게 주지 아니한 삯이 소리 지르며 그 추수한 자의 우는 소리가 만군의 주의 귀에 들렸느니라(약 5:4).

세속 부자들에게는 만군의 여호와도 추수한 품꾼도 안중에 없었다. 오직 재물을 쌓는 일에만 마음을 두었다. 노동자에게 지불해야 할 삯을 탈취했다. 이것은 남의 재물을 빼앗은 도적질과 같다. 일반적으로 많은 재산이나 돈을 가진 세속 부자들은 그 물질을 활용하여 권력도 가지려 하고, 그 권력으로 다른 사람을 지배하고 주무르고 싶어 한다. 야고보가 살던 시대뿐만 아니라 과거나 지금도 사회 공동체 안에는 경제적으로 가난한 자들과 부자들이 공존한다. 가난한 사람들은 생계를 위하여 노동이 필요하다. 그들은 노동을 통하여 부자들로부터 받는 삯이 필요하고 부자들은 가난한 품꾼들을 필요로 한다. 이렇게 권력을 가진 부자들은 그들이 가진 권력을 휘두르고 싶은 유혹에 품꾼들에게 주어야 할 돈을 제때 주지 않고 질질 끌기도 한다. 또 노동 조건을 까다롭고 야박하게 정하고 계약이 끝난 뒤에도 마땅히 이행해야 할 거래 조건을 이행하지 않는다. 이것은 권력을 가진 부자들이 행하는 엄연한 갑질이며 임금 착취이다.

매튜 헨리(M. Henry)는 야고보서가 언급한 부자들을 "믿음이 없고 박해를 일삼는 부유한 유대인들"로 해석하고 있다.[2] 그렇다면 유대인들은 고용된 일꾼들에게 임금을 즉시 지불해야 한다는 성경의 가르침을 알고 있을 것이다. 레위기 19:13은 이렇게 법으로 명시했다.

> 너는 네 이웃을 억압하지 말며 착취하지 말며 품꾼의 삯을
> 아침까지 밤새도록 네게 두지 말며

신명기 24:14~15은 이렇게 말한다.

> 곤궁하고 빈한한 품꾼은 너희 형제든지 네 땅 성문 안에
> 우거하는 객이든지 그를 학대하지 말며 그 품삯을 당일에 주고
> 해진 후까지 미루지 말라 이는 그가 가난함으로 그 품삯을
> 간절히 바람이라 그가 너를 여호와께 호소하지 않게 하라 그렇지
> 않으면 그것이 네게 죄가 될 것임이라

특별히 선지자들이 임금 지불 문제와 관련해서 일꾼들에 대한 압제와 임금 착취를 정죄하고 있다는 것을 알고 있었을 것이다. 예레미야 선지자는 이렇게 외쳤다.

---

2) Henry, Matthew. 김영배 옮김, 『매튜헨리주석: 디모데전서-계시록』(서울: 크리스챤다이제스트, 2007), 597.

불의로 그 집을 세우며 부정하게 그 다락방을 지으며 자기의
이웃을 고용하고 그의 품삯을 주지 아니하는 자에게 화
있을진저(렘 22:13)

말라기 선지자는 더 엄하게 경고했다.

내가 심판하러 너희에게 임할 것이라 점치는 자에게와 간음하는
자에게와 거짓 맹세하는 자에게와 품꾼의 삯에 대하여 억울하게
하며 과부와 고아를 압제하며 나그네를 억울하게 하며 나를
경외하지 아니하는 자들에게 속히 증언하리라 만군의 여호와가
말하였느니라(말 3:5)

부자들의 이러한 행위는 가난한 자들에 대한 불의와 임금 착취
라는 죄악에 해당하며 엄한 심판을 받게 된다. 하나님의 법과 말씀
이 가르치는 원칙과 실천은 하나님의 구속적 맥락에서는 이스라엘
백성뿐만 아니라 모든 하나님의 백성에게 원천적인 모델이 된다. 야
고보서 역시 흩어진 열두 지파에게 보낸 글이 '구속적 맥락' 가운데
서 보내진 것이 분명하다. 아마 야고보서는 구속함을 받은 공동체
바깥에 속해 있었을 착취하는 고용주들에게 전하는 예언자적 외침
일 것이다.

중요한 것은 권력을 남용하여 품꾼들에게 지불해야 할 임금을

착취한 것이 노동자에게만 알려진 것이 아니라 만물의 주인이신 하나님의 귀에 들렸다는 것이다(약 5:4). 하나님의 귀에 들린 원성은 임금(wages)을 착취당한 품꾼들이 부르짖는, 부자들의 경제적 불의에 대한 호소이다. 이 부르짖음은 임금을 착취당하고 고통 중에 부르짖는 자들의 울부짖음이다.[3] 여기서 주목할 말씀은 '삯이 소리 지른다'는 표현이다. 그 삯이 소리 지른다. '삯'도 입이 있는가? 왜 노동자들이 소리 지르지 않고 삯이 소리를 지르는가?

고용주와 피고용인의 관계를 보자. 오늘날은 피고용인들이 노조를 결성하여 자신들이 당하는 부당한 대우에 대하여 처우를 개선해 달라고 소리 지른다. 그러나 과거에 절대적 권위와 힘을 쥐고 있는 고용주에게 소리를 높일 수 있었는가? 없었다. 고용주 앞에서 노동자들은 입이 막혔고, 그들의 억울함을 대변해 줄 변호인도 없었다. 그러기에 그들이 빼앗긴 삯이 소리를 지른 것이다. 야고보는 놀라운 은유적 표현을 사용한다. 삯이 소리를 지르고, 그 소리를 하나님이 들으셨다는 것이다. 놀랍다. 하나님은 사람의 소리도 들으시지만, 그의 피조물인 삯의 소리도 들으시는 전능하신 분이시라는 것이다.

여호와 하나님은 삯들의 울부짖음을 귀담아들으신다. 노동 후에 삯을 받지 못한 품꾼들의 마음에서 절규하는 소리가 전능하시고 공의로우신 하나님께 상달되었다. 특히 야고보서가 사용한 "만군의 주"(The Lord Almighty)란 표현은 종종 적들이 너무 강하고 무방비 상태

---

3)   Tasker, R. V. G. *The General Epistle of James*, 113.

에 놓이게 된 하나님의 백성들이 전능자의 보호가 필요할 때 사용하는 용어이다. 피조물들을 다스리고 심판하시는 만군의 주께서는 그의 백성들이 압제자의 학대와 불의에 견디지 못하고 부르짖을 때 그 소리를 들으신다. 노동자에게 대가를 지불하지 않고 불의하게 모은 재물은 소리를 지르고, 억울함을 당한 품꾼의 우는 소리가 하나님께 상달되면 하나님의 심판이 가까이 온다.

성경은 가인이 죽인 아벨의 "핏소리가 땅에서부터 내게 호소하느니라"(창 4:10)라고 했으며, 소돔과 고모라의 죄악이 심히 무겁고 부르짖음이 클 때 하나님은 그곳을 멸하시려고 천사들을 보내셨다(창 18:20; 19:13). 오늘날도 노동자를 필요로 하는 많은 고용주가 알바생과 외국인 노동자들을 고용하고 있다. 물론 우리 사회 안에는 이웃과 더불어 살아가려는 진실하고 정직한 고용주들이 더 많다. 그러나 아직도 근로자들을 학대하고 임금을 착취하거나 제 때에 임금을 지불하지 아니하는 고용주들이 다소 있다. 추위에 비닐하우스 안에서 얼어 죽은 외국 근로자도 있었다. 채영삼은 야고보 당시 노동자들의 불리함을 이렇게 설명한다.

그들은 모든 면에서 불리했을 것이다. 땅을 빌리고, 농기구를 빌리고, 가뭄이나 다른 이유로 소출이 적은 해에는 또 종자와 식량을 빌려야 했을 것이다. 빚이 늘어가고, 그들은 고리(高利)로 부과되는 이자나 적은 소작료로는 오래 버티지 못했을 것이다.

그들은 일방적으로 당할 수밖에 없었고, 이에 대해 정당하게 법적으로 호소할 길도 없었다. 오죽하면, 울부짖는 것이 그들이(의) 삶일까. 그리고 그 울부짖음을 들으신 이는 오직 여호와 하나님뿐이시다.[4]

기독교회는 이런 부당하게 대우받는 인권에 침묵해야 할 것인가? 노동자들의 권리를 보호하는 일을 위해 도움을 주어야 하고, 근로자들의 임금을 착취하고 부당하게 대우하는 자들에게 모든 인생과 온 세상이 하나님의 통치 아래 있다는 사실을 깨닫게 해야 한다. 임금을 착취하고 품꾼들을 억압할 때 법에 따라 정죄를 받을 뿐만 아니라 하나님의 심판이 기다리고 있음도 깨닫도록 해야 한다. 이것이 교회의 대사회적(對社會的) 사명이다.

부자들의 사치와 향락

야고보는 5:5에서 부자들이 착취한 부정이득을 어떻게 소비했는가를 폭로한다. 그는 부자들의 재물과 돈의 사용이 사치와 향락에만 집중되었다는 점을 고발한다. 야고보는 부자들이 "땅에서 사치하고 방종하여"(You have lived on earth in luxury and self-indulgence)라고 말한다. 부

---

4)   채영삼, 『지붕 없는 교회―야고보서의 이해』, 335.

자들이 모은 부로 사치하고 호화롭게 낭비하며, 살아가고 있는 것을 지적한 것이다. 세속 부자들은 재물을 모으는 일에 몰두한 나머지 하나님과 이웃을 잊어버렸을 뿐만 아니라 그 재물을 사용하는 일에 서도 하나님과 이웃을 잊어버렸다. 자신들만을 위해 재물과 돈을 모 았다는 것에 그 재물과 돈을 어떻게 사용할 것인가 하는 점도 담겨 있다. 물론 사유재산권을 존중하는 자본주의 사회에서 자기의 노력 에 따라 모으고, 저축하고, 자기 뜻대로 사용하는 것을 간섭하거나 죄라고 할 수 없다. 그러나 성경은 재물과 돈을 자신이 모으고 벌었 다고 해서 자기 마음대로 쓰고, 낭비해도 된다는 법을 말한 적이 없 다.

야고보가 적발한 상황은 무정한 부자가 자색 옷과 고운 베옷을 입고 날마다 호화롭게 즐긴 것과 일맥상통한다(눅 16:19). 타스커는 부 자의 부정이득을 위한 착취는 탐욕에서부터 비롯됨을 지적한다. 그 는 쌓은 부로 사치하고 방종하는 일은 "탐욕이 구체화되어 나타난 것 들 중에 가장 비인간적인 것"이라고 진술했다.[5] 방종은 법과 질서와 규범을 무시하고 제멋대로 행동함을 뜻한다. 방종은 탐욕과 자만의 극치이다. 물질의 탐욕이 사치와 방종을 가져오고, 사치는 결국 사 람을 쾌락에 빠져들게 하여 방탕의 죄를 범하게 하고 믿음에서 떠나 게 만든다. 야고보서는 부자가 사치하고 방종하며 사는 것이 하나님 과 인류를 모독하는 것으로 본다. 이상근은 이렇게 주석한다.

---

5)   Tasker, R. V. G. *The General Epistle of James*, 114–115.

재물이 많다 하여 자기의 분수에 넘치고 그가 사는 사회의 형편에 지나치게 사치하는 것은 경건한 신자의 할 바가 아니다. 재물은 하나님께서 그에게 맡겨 선한 일을 위해 주신 것이기 때문이다. 미국의 럭펠러 씨는 "나는 하나님의 곡간을 맡아 있는 청지기에 지나지 않는다. 나는 이 재물의 임자이신 하나님의 뜻대로 이를 쓰는 권리밖에 없다"고 하였다.[6]

야고보는 사치하고 방종하는 부자들의 상태를 아주 특별하게 묘사한다. "너희 마음을 살찌게 하였도다"(약 5:5). 사치와 방종이 마음을 살찌게 한다. 이 표현은 이중적인 해석이 가능하다. 한편으로는 부한 자들의 마음은 세상에서 향락 외에는 아무것도 바라지 않으며, 그것으로 그들의 마음이 포식하게 채운다는 뜻이다. 하나님이 없는 자들에게는 물질의 풍요가 그들의 마음에 가득 차 있다. 물질의 풍요가 마음에 평안함을 주고 꿈의 성취라고 믿는다. 세상의 향락들로 가득 찬 마음을 뜻하기도 한다. 다른 한편으로는 육체는 쾌락으로 살이 찌고 비둔해 지나 마음은 어리석게 되고 교만하게 되고, 가난한 사람들의 궁핍과 어려움에 무감각하게 된다는 뜻이다. 채영삼은 "불의함에도 둔감하고, 고통받는 이웃의 울부짖음에도 귀가 먹고, 자신들의 사치와 방탕에 몰입하여 양심이 완전히 마비된 이들"이라고 했다.[7]

---

6)   이상근, 『신약주해 공동서신』(서울: 대한예수교장로회 총회교육부, 1979), 81-82.

7)   채영삼, 『지붕 없는 교회―야고보서의 이해』, 337.

박윤선은 마음이 살쪘다는 것을 교만으로 해석했다. 따라서 "마음이 교만하면 천벌(天罰)을 받는 법이다."라고 말한다.[8] 오직 마음은 여호와의 말씀으로 살찌우게 할 수 있다. 이처럼 자선과 동정은 외면하고 자신들의 배나 살찌우고 쾌락에 전념하는 부자들의 범죄를 야고보는 지적한다. 모세의 법도 이것이 분명한 죄임을 말한다.

> 곤궁하고 빈한한 품꾼은 너희 형제든지 네 땅 성문 안에
> 우거하는 객이든지 그를 학대하지 말며 그 품삯을 당일에 주고
> 해 진(before sunset) 후까지 미루지 말라 이는 그가 가난하므로 그
> 품삯을 간절히 바람이라 그가 너를 여호와께 호소하지 않게 하라
> 그렇지 않으면 그것이 네게 죄가 될 것임이라(신 24:14~15)

시편의 저자도 이러한 사실을 지적했다.

> 그들의 마음은 살쪄서(마음이 둔하여) 기름덩이 같으나(시편 119:70)

아모스 선지자도 사치와 향락을 즐기는 부자들에 대해 이렇게 말한다.

> 사마리아의 산에 있는 바산의 암소들아 이 말을 들으라 너희는

---

8) 박윤선, 『성경주석: 히브리서 공동서신』(서울: 영음사, 1978), 316-317.

힘없는 자를 학대하며 가난한 자를 압제하며 가장에게 이르기를
술을 가져다가 우리로 마시게 하라(암 4:1)

화 있을진저 시온에서 교만한 자와 ⋯ 마음이 든든한 자 곧
백성들의 지도자들이여 ⋯ 너희는 흉한 날이 멀다 하여 포학한
자리로 가까워지게 하고 상아 상에 누우며 침상에서 기지개 켜며
양 떼에서 어린 양과 우리에서 송아지를 잡아서 먹고 비파 소리에
맞추어서 노래를 지절거리며 ⋯ (암 6:1~5)

이사야 선지자도 사회경제적 관점에서 정의와 공의를 버리고 호
화롭게 살아가는 자들을 향하여 이렇게 외친다.

가옥에 가옥을 이으며 전토에 전토를 더하여 빈틈이 없도록
하고 이 땅 가운데에서 홀로 거주하려 하는 자들은 화 있을진저
⋯ 아침에 일찍이 일어나 독주를 마시며 밤이 깊도록 포도주에
취하는 자들은 화 있을진저 그들이 연회에는 수금과 비파와
소고와 피리와 포도주를 갖추었어도 ⋯ (사 5:8, 11~12)

매튜 헨리 역시 "우리가 아무 유익이 없는 쾌락에 젖어 사는 것은 하
나님의 분노를 아주 크게 사는 죄이다"고 말한다.[9] 맨튼도 부자의 사치

---

9) Henry, Matthew. 김영배 옮김, 『매튜헨리주석: 디모데전서-계시록』, 597-601.

를 죄라고 말한다.[10] 야고보서의 언급처럼 부자들은 그들 스스로 부유함에 탐닉하고 가난한 자들을 무시한다. 따라서 야고보서는 부자들의 무자비한 행위에 대한 심판의 날이 다가옴을 예고한다. 그러한 의미가 '살륙의 날'이란 용어 속에 들어 있다. '살륙의 날'이란 표현은 3절의 '말세에', 7~8절의 '주의 강림' 그리고 9절의 '심판의 주가 문 밖에 서 계시니라'라는 문맥적인 언급에 비추어 볼 때 종말론적 의미를 담고 있다. 타스커는 "'살륙의 날에'라는 표현은 땅에서라는 말과 대조되어서 심판의 날에 대한 언급으로 해석되어야 한다고 봄이 좋을 듯하다"고 했다.[11]

특별히 구약에서 살육의 날은 원수들을 도살하는 날이다. 언약 백성을 괴롭힌 원수들을 보라. "여호와의 칼이 에돔 땅에서 살육을 행하시고"(사 34:6), "그 날은 주 만군의 여호와께서 그 대적에게 원수를 갚는 보수일"이고 그의 "칼이 배부르게 삼키며 그들의 피를 가득히 마시는 날"이다(렘 46:10, 겔 21:15). 부자들은 마치 소나 양들이 자신들이 도살될 날이 다가오고 있음을 전혀 알지 못하고 자신을 살찌우듯, 하나님의 심판의 날을 기억하지 못하고 현세의 삶 가운데서 물질의 풍요로 자신들의 육체적 쾌락과 즐거움에만 몰두해 있음을 풍자적으로 묘사하고 있다. 욕심이 잉태하면 죄를 낳고, 죄가 장성하면 사망을 낳는다(약 1:15). 결과적으로 부로 인한 사치와 향락의 죄는 종말에 가서 하

---

10) Manton, Thomas. 황영철 옮김, 『야고보서(하)』, 257.

11) Tasker, R. V. G. *The General Epistle of James*, 114-115.

나님의 심판을 피할 수 없음을 가르친다.

가난한 자에 대한 멸시와 억압

필자의 견해로는 야고보가 언급하고 있는 부자들은 교회 공동체에 속한 형제들인 것처럼 보이나 믿음을 갖지 않았거나, 공동체의 사람들과 친밀히 교제하고 있는 자들로 볼 수 없다. 왜냐하면, 1:9~11에서도 낮은 형제와 부한 자를 대비하여 말할 때 낮은 자(아마 경제적으로 가난한 자를 지칭하는 듯)에 관해서는 형제라고 말하지만 부한 자에 관해서는 형제라고 말하고 있지 않다는 것 때문이다(약 1:10~11; 2:6; 5:1). 야고보서 2:6-7에 따르면 부자들은 가난한 자를 업신여기고 억압하며, 비방하고 법정으로 끌고 가는 자들이라고 말하고 있다. 야고보는 2:5~6에서 가난한 자와 부자를 대비하여 언급한다. 그런데 2:5에 따르면 "세상에서 가난한 자"는 '세상의 판단으로는 가난한 자' 혹은 '세상의 눈으로 볼 때 가난한 자'로 번역할 수 있다. 그러나 문맥적인 상황에서 볼 때 세상의 물질에 있어 가난한 자로 번역함이 가장 타당하다.[12]

하나님께서 세상에서 가난한 자를 택하심은 믿음에 부요하게 하시고, 약속하신 나라를 상속으로 받게 하려는 것이었다(약 2:5). 믿음

---

12) 이상근, 『신약주해 공동서신』, 42.

안에서 부요함은 영적으로 가난함과 대조적이다(마 5:3). 신자는 비록 물질적으로 가난함에 처할 수 있어도, 믿음에는 부요해야 한다. 영적 가난함에서 부요함으로 옮겨져야 믿음 안에서 복 있는 자가 된다. 이것이 예수께서 마태복음 5:3에서 전하려는 핵심 메시지이다. 예수님은 "심령이 가난한(the poor in spirit) 자는 복이 있나니 천국이 그들의 것임이요"라고 했다. 심령의 가난이란 성경, 성삼위 하나님, 하나님의 나라, 구원의 진리, 교회와 같은 영적인 진리에 관하여 아무것도 가진 것이 없고, 아는 것이 없고, 소유한 것이 없는 빈털터리요, 극빈 상태에 놓여 있는 것을 말한다. 이런 상태에서 하나님 나라에 관한 많은 것을 소유하고, 알고 믿어야만이 천국이 그들의 것이 된다.

사도 바울은 "우리 주 예수 그리스도의 은혜를 너희가 알거니와 부요하신 이로서 너희를 위하여 가난하게 되심은 그의 가난함으로 말미암아 너희를 부요하게 하려 하심이라"라고 했다(고후 8:9). 이것이 그의 백성에게 주시는 그리스도의 은혜이다. 따라서 믿음을 가진 자는 하나님에 관하여 부요하고, 하나님 안에서 부요하고, 성령의 은혜 안에서 부요하고, 진리를 앎에 부요하고, 나누어 주는 일에 부요한 자가 되어야 한다. 하나님께서는 그 부요함을 참된 부요함으로 간주한다. 그렇다고 하나님께서의 그분의 선택을 가난한 자에게만 제한하지 아니하신다.[13]

---

13) Tasker, R. V. G. *The General Epistle of James*, 58.

이와 같이 하나님께서 선택하여 믿음에 부요하게 하신 자를 물질에 부요한 자가 업신여겼다. 야고보서 2:6에서 언급한 "업신여겼다"(*etimajo*)라는 용어는 '괄시하다', '모욕을 주다' 또는 '무례하게 대하다'란 의미이다. 부자들이 사람을 외모로 판단하는 것이 얼마나 어리석은 일인가를 야고보는 지적한다. 야고보는 또 부자가 가난한 자를 억압하며 법정으로 끌고 가는 자라고 말한다. 특별히 가난한 자와 부자 사이에 채권과 채무의 관계에 놓여 있을 때 부자는 가난한 자를 더욱 억압했다. 그 억압이 법정에서 참소하기까지 한다. 부자들이 가난한 자의 채무 미이행 또는 소작료 미납 등을 이유로 그를 법정으로 끌고 가서 권리를 박탈해 버린다. 이것이 야고보가 본 부자들의 횡포이다.

이것은 부자들이 가난한 자들을 상대로 법적 행동을 취하겠다고 위협하며, 종국에는 자신들의 경제적 이익을 위해 가난한 자를 법정에 세운다는 점을 언급한 것이다. 렌스키(Lenski)는 야고보서가 기록될 당시 로마 정부는 디아스포라 유대인들에게 개종한 동료 유대인 그리스도인에 대항하는 법적 지배권을 상당히 부여했다고 말했다. 이러한 사실은 사울이 그리스도인 유대인들을 체포하기 위해 공문을 가지고 다메섹으로 간 것(행 9:2)과 그가 "외국 성에서까지" 가서 그들을 박해한 것에서 볼 수 있다.[14] 따라서 디아스포라의 부유한 유대인들은 개종한 가난한 유대인들을 학대할 수 있었고, 그들의 법정

---

14) Lenski, R. C. H. 진연섭 옮김, 『히브리서 · 야고보서』(서울: 로고스), 2000, 46.

이나 재판석에 세울 수 있었다.

라이케(Reicke)는 당시 사회의 계급 형성과 개종한 유대인들에 대한 박해는 도미티안(Domitian) 치하의 박해 시대에 발생했다고 보았다. 그러한 상황에서 그리스도인들은 육체적인 압제뿐만 아니라 빚, 집세, 임금 그리고 만연된 고리대금 등과 같은 문제들로 인해 고통당하고 있다는 사실을 야고보서는 폭로하고 있다. 켄트와 렌스키는 특별히 부요한 유대인들이 사두개인이었다고 말한다. 켄트에 따르면 야고보서가 언급하고 있는 당시 많은 부자와 권력자는 사두개인이었으며, 그들이 가장 먼저 그리스도인들을 박해한 자들이라고 설명한다.[15] 부자는 가난한 자를 비방한다. 야고보서 2:7에서 "그 아름다운 이름"(to kalon onoma)이란 '예수 그리스도'라는 이름을 지칭한다. 초대교회 성도들은 이 이름으로 세상에 알려졌고(행 11:26), 이 이름 때문에 박해를 받기도 했다. 믿음 안에 사는 영적인 가난한 자는 예수 그리스도를 믿는 자라는 이유로 비방을 받기도 했다. 베드로 사도는 그리스도인이 고난받음에 대하여 이렇게 말했다.

> 너희가 그리스도의 이름으로 치욕을 당하면 복 있는 자로다
> 영광의 영 곧 하나님이 영이 너희 위에 계심이라 너희 중에
> 누구든지 살인이나 도둑질이나 악행이나 남의 일을 간섭하는
> 자로 고난을 받지 말려니와 만일 그리스도인으로 고난을

---

15) Kent(Jr), Homer A. *Faith that Works*, 81.

받으면 부끄러워하지 말고 도리어 그 이름으로 하나님께 영광을

돌리라(벧전 4:14~16)

야고보의 진술은 당시 세속 부자들이 그리스도인을 얼마나 멸시했는가를 보여준다. 이런 부자들의 행동은 교회의 관점에서 볼 때 이웃 사랑을 포기한 것이며, 사람을 차별하여 죄를 짓는 일임을 야고보는 경고한 것이다(2:8~9). 야고보가 세상에 드러내시는 하나님은 가난한 자들의 하나님이시다(약 2:5~6). 고아와 과부의 아버지시다(약 1:27). 그들에게 행한 일은 곧 하나님과 그리스도인에게 행한 일이다. 그래서 야고보는 그리스도인은 모든 이웃을 내 몸과 같이 사랑해야 한다는 사랑의 행함을 강조한다. 왜냐하면, 이것이 고난 가운데서도 실천해야 할 그리스도인의 마땅한 사명이기 때문이다. 야고보는 이렇게 전한다.

너희가 만일 성경에 기록된 대로 이웃 사랑하기를 네 몸과 같이

하라 하신 최고의 법을 지키면 잘하는 것이거니와 만일 너희가

사람을 차별하여 대하면 죄를 짓는 것이니 율법이 너희를

범법자로 정죄하리라(약 2:8)

의인(義人)에 대한 박해

부자들이 비난을 받는 또 다른 죄는 의인에 대한 박해이다. 야고보서는 5:6에서 부자와 의인을 대조하여 설명한다. 세속 부자가 정죄하거나 죽이기를 원하는 사람이 의인이다. 이 구절에서 '의인'(ton dikaion)이 누구인가에 대한 해석은 다양하다. 학자들은 야고보서가 언급하는 '의인'을 예수님이나 또는 야고보로 보는 견해가 있다. 그러나 야고보서는 이점에 대한 분명한 증거를 제시하지 못하고 있다. 야고보가 이 서신을 구속받은 공동체에 보내었고, 의인을 박해하는 불신 부자들과 대조하여 설명하는 것으로 볼 때 분명 믿음으로 의롭다함을 받은 자를 염두에 둔 것으로 본다. 이방인이든 유대인 개종자들이든 예수 그리스도를 구주로 영접한 자들은 의롭다함(칭의)을 받은 자들이다.

야고보서 2:1과 5에 근거할 때 5:6에서 말하는 의인은 예수 그리스도에 관한 '믿음을 가진 자' 또는 하나님께서 택하여 '믿음에 부유하게 하신 자'로 볼 수 있다. 타스커는 '의인'에 관해서는 "하나님의 백성에 대한 일반적인 묘사로" 간주했다.[16] 이상근도 야고보가 지칭한 '의인'은 "오히려 특정적인 어떤 자를 가리키는 것보다 일반적인 의미에서 취하는 것이 자연스럽다"는 칼빈의 입장을 소개했다.[17] 그렇다면 부자

---

16) Tasker, R. V. G. *The General Epistle of James*, 114~115.
17) 이상근, 『신약주해 공동서신』, 82.

들은 칭의받지 못한 불신 유대인 부자임에 틀림없다. 그들이 의로운 자를 정죄하고 죽였다. 야고보서 2:6에 근거할 때 만일 부자가 원한다면 의인을 유대인의 법정이나 또는 이방인의 법정에 세우고 그를 정죄할 수 있다는 것이다.[18] 문제는 왜 부자들이 의인을 정죄하고 죽였는가 하는 것이다.

매튜 헨리는 그들이 자신들의 재산을 늘리기 위해서 가난한 자를 대항하여 불의하게 박해하고 행동한다고 말한다.[19] 자신만을 위한 부의 축적을 목적하는 자는 힘없는 사람을 정죄하고 죽이는 행동을 할 수 있다. 구약의 아모스 선지자는 이스라엘 사회의 부자들과 권력을 가진 자들이 가난하고 힘없는 자와 의인을 학대했다고 하나님께 고발했다. 그는 사마리아산에 있는 바산의 암소들을 향하여 '들으라'고 외치면서 "너희는 힘없는 자를 학대하며 가난한 자를 압제하며"(암 4:1)라고 했다.[20] 아모스는 역시 법정이나 재판석에서 공의롭게 판단해야 할 재판관들을 향하여 외친다.

> 너희가 힘없는 자를 밟고 그에게서 밀의 부당한 세를 거두었은즉
> … 너희의 허물이 많고 죄악이 무거움을 내가 아노라 너희는
> 의인을 학대하며 뇌물을 받고 성문에서 가난한 자를 억울하게

---

18) Lenski, R. C. H. 진연섭 옮김, 『히브리서 · 야고보서』, 476, 551.

19) Henry, Matthew. 김영배 옮김, 『매튜헨리주석: 디모데전서-계시록』, 518-519.

20) 아모스서에 나타난 사회경제적 불의에 대해서는 황봉환 저, 『사회경제적 불의에 대한 아모스의 외침』 (서울: 진리의 깃발사, 2020)을 참조하라.

하는 자로다(암 5:11~12)

    야고보가 그의 서신에서 말하는 부자는 그가 가진 부를 가치 있게 활용하면 자신과 이웃이 더불어 행복해질 수 있다는 것을 몰랐다. 야고보서의 부자는 물질과 생명이 동등한 것으로 간주하고 있다. 그러기에 물질을 쉽게 처리하듯 사람도 쉽게 정죄하고 죽인다. 그러나 인간의 생명과 물질은 동일시될 수 없다. 천하를 주고도 바꿀 수 없는 귀중한 것이 인간의 생명이다. 인간 생명의 가치는 주님께서 대신하여 죽고 새롭게 살려야 할 만큼 소중하다. 왜냐하면, 인간은 하나님의 형상대로 창조되어 땅을 정복하고 다스리도록 명령받고 있기 때문이다(창 1:28). 사람을 판단하고 정죄할 수 있는 자는 오직 심판자 그리스도이시다. 예수님은 믿음 안에 거하는 자는 결코 심판에 이르지 아니한다고 증언했다.

> 내가 진실로 진실로 너희에게 이르노니 내 말을 듣고 또 나
> 보내신 이를 믿는 자는 영생을 얻었고 심판에 이르지 아니하나니
> 사망에서 생명으로 옮겼느니라(요 5:24)

    바울은 그리스도 예수 안에서 믿음을 가진 자는 결코 정죄함에 이르지 아니함을 선포했다.

이제 그리스도 예수 안에 있는 자에게는 결코 정죄함이 없나니
이는 그리스도 예수 안에 있는 생명의 성령의 법이 죄와 사망의
법에서 너를 해방하였음이라(롬 8:1~2)

그러므로 불신자는 잘잘못을 따질 수는 있어도 의인을 정죄할
권한이 없다. 오직 피조물의 주인이신 하나님만이 죄를 판단하고 정
죄할 권한이 있다. 만일 불신 부자들이 의인을 정죄한다면 최종 심
판의 자리에서 그들은 예수로부터 정죄를 받게 될 것이다.

4

부의 가치와
오용에 대한
야고보의 경고

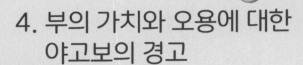

4. 부의 가치와 오용에 대한 야고보의 경고

물질과 부의 가치와 평가

야고보는 그의 서신에서 물질과 부의 가치에 대하여 어떻게 평가하고 있는가? 근본적으로 성경은 물질과 부를 무가치한 것으로 평가하지 않는다. 왜냐하면, 물질은 인간의 생존과 직결되어 있기 때문이며, 부는 삶을 윤택하게 하는 자원이 되기 때문이다. 만약 물질이 고갈되거나 사라진다면 인간 생존이나 윤택한 삶은 불가능할 수 있다. 결과적으로 인간이 생존하는 동안은 그 물질이 계속 공급되어야 하며, 인간은 그 물질을 활용해야 한다. 하나님께서는 물질을 인간 생존의 필요를 위해 가치 있게 창조하셨다. 하나님께서 창조하신 것을 아무도 무가치하다고 말할 수 없다. 하나님의 물질 창조는 자신을 위한 것이 아니라 인간 생존의 필요를 위해 하신 위대한 사역이다. 그러나 야고보서를 묵상하면 그는 인간이 소유한 물질이 무가치하고 불필요한 것처럼 말하고 있다(약 1:10~11; 4:13~16; 5:1~3).

왜 그렇게 표현해야만 했는가?

야고보서 1:9~11에서의 평가

야고보는 물질적으로 부한 자와 빈궁한 자의 현실적 상태를 '부한 자'와 '낮은 형제'라는 표현으로 대비하여 설명한다. 1:9에서 언급한 '낮은 형제'는 '부한 자'와 비교할 때 경제적으로 빈궁하고 비천한 그리스도인 형제를 지칭한 것으로 생각한다. 야고보는 믿음을 가진 그리스도인 형제를 '낮은 형제'라고 표현했다. 그러나 '부한 자'에게는 형제라는 말을 덧붙이지 않았다. 야고보는 '낮은 형제'에게는 자기의 높음을 자랑하라고 했고, '부한 자'에게는 자기의 낮음을 자랑하라고 했다. '낮은 형제'의 자랑이 무엇일까?

'낮은 형제'의 자랑은 예수 그리스도를 믿는 믿음 안에서 세상 사람과는 구별된 성도라는 신분일 것이다. 이것을 참된 자랑으로 여기라는 것이다. 반면 '부한 자'는 자신의 세상적인 성공이나 부를 자랑할 것이 아니라 '자기의 낮아짐'을 자랑해야 한다는 것이다. 야고보는 부한 자의 낮아짐이 무엇인지 구체적으로 말하지 않고 있다. 그러나 부한 자가 소유한 물질적 부유함은 언젠가는 덧없이 사라지는 허망한 것임을 깨닫는 겸손함이며, 낮은 형제를 돕는 일일 것이다. 그래서 야고보는 재물이나 부를 많이 소유한 부자도 마치 아름다운 꽃이 피었다가 곧 떨어지듯이 언젠가는 쇠잔하게 된다고 표현한 것으로 볼 수 있다. 야고보는 이렇게 기록했다.

부한 자는 자기의 낮아짐을 자랑할지니 이는 그가 풀의 꽃과
같이 지나감이라 해가 돋고 뜨거운 바람이 불어 풀을 말리면 꽃이
떨어져 그 모양의 아름다움이 없어지나니 부한 자도 그 행하는
일에 이와 같이 쇠잔하리라(약 1:10~11)

야고보가 이 구절을 통해 가르치려는 것은 상당히 명료하다. 부
한 자가 그리스도인이든 아니든 상관없이 죽음에 이르게 되면 인간
이 누리는 부(富)도 무가치하게 사라진다는 것을 설명한다. 이 구절
에서 야고보는 꽃의 운명과 부자의 운명을 냉정하게 연결시킨다. 꽃
이 그 모양의 아름다움을 잠시 보였다가도 해가 돋고 바람이 불면
꽃은 떨어지고 그 아름다움은 사라진다는 것을 비유하여 말한다. 꽃
은 활짝 피어 있을 때 가장 아름답다. 이렇게 아름답던 꽃도 언젠가
는 사라지는 것처럼 부자들 역시 어느 순간에는 번창할지 몰라도 언
젠가는 가진 부도 사라지고 오래가지 못한다는 것을 교훈한다. 개인
의 종말적 심판인 죽음에 이르게 될 때 부자는 자신과 그가 가진 모
든 부도 그에게서 떠나게 된다는 것을 암시한다.

동시에 불신 부자와 대비하면서 믿음 안에 있는 가난한 자의 운
명이 어느 날 반전될 것이라는 교훈을 주고 있다. 그 반전은 무엇인
가? 부한 자는 영원히 쇠퇴해 버릴(parelousete) 어두운 운명에 처하게
될 것이지만 믿음 안에 거하는 가난한 자는 심판의 날에 영원한 기
쁨을 얻게 된다는 것이다. 브라운은 "부한 사람도 풀의 꽃과 같이 사

라진다. 그러나 그리스도인은 결코 사라지지 않는다. 그것은 그가 가진 부유함 때문이 아니라 하나님의 자비와 믿음 때문이다. 그리스도인은 하나님과 함께 영원히 산다"고 했다.[1] 부한 자와 대비할 때 낮은 그리스도인 형제는 자기의 영적 높음을 자랑하게 될 것이다. 그것이 낮은 형제가 자랑해야 할 자랑거리이다. 아무리 재물과 돈이 지배하는 세상이라 하지만 그리스도인의 자랑은 이 세상과 함께 덧없이 사라지는 부질없고 허망한 물질적 부(富)여서는 안 된다. 그렇다면 무엇을 자랑할 것인가? 그리스도인은 그리스도 안에서 얻은 영적인 부유함을 소유하고 있다. 예레미야는 이렇게 선포했다.

> 여호와께서 이같이 말씀하시되 지혜로운 자는 그 지혜를
> 자랑하지 말라 용사는 그 용맹을 자랑하지 말라 부자는 그
> 부함을 자랑하지 말라 자랑하는 자는 이것으로 자랑할지니
> 곧 명철하여 나를 아는 것과 여호와는 사랑과 정의와 공의를
> 땅에 행하는 자인 줄 깨닫는 것이라 나는 이 일을 기뻐하노라(렘
> 9:23~24)

그렇다. 그리스도인은 정의와 공의를 땅 위에서 실천하기를 기뻐하시는 여호와를 자랑하고, 예수 그리스도의 십자가와 복음을 자랑해야 한다. 바울도 그렇게 가르쳤다. 그리스도인은 육체를 자랑

---

1)   Brown, Charles. *The General Epistle of James*, A Devotional commentary, 22.

할 것이 아니라 주 안에서 자랑해야 한다(고전 1:31). 그 자랑이 그리스도의 십자가이어야 한다(갈 6:14). 비록 '낮은 형제'가 세상에서 물질적 궁핍으로 시련과 고난을 받으나 시험(test)을 통과하고 시련(trial)을 견디며, 믿음으로 살아갈 때 여호와의 궁휼과 자비를 입게 되고, "주께서 자기를 사랑하는 자들에게 약속하신 생명의 면류관을 얻게 될 것이다"(약 1:12).

비록 부자들이 자신들의 높음을 자랑하고, 부를 자랑하지만 부한 자도 그리고 그의 소유도 언젠가는 쇠잔하게 된다. 그래서 야고보는 하나님께서 "자기의 뜻을 따라 진리의 말씀으로"(약 1:18) 낳아주신 그의 백성은 말씀을 온유함으로 받고, 듣기만 하여 자신을 속이는 자가 되지 말고, 말씀을 듣고 행하는(약 1:21~23) 경건한 그리스도인으로 살아갈 것을 강조한 것이다. 경건한 그리스도인의 행함의 실천이 무엇인가? 야고보는 "곧 고아와 과부를 그 환난 중에 돌보고 또 자기를 지켜 세속에 물들지 아니하는"(약 1:26~27) 것이라고 했다. 그러므로 야고보가 인간이 소유한 생명과 물질을 무가치한 것처럼 표현하는 것은 물질과 부가 가난하고 힘없는 자를 위해 사용될 때 더 가치 있다는 것을 강조하기 위함이다.

야고보서 2:5에서의 평가

야고보는 하나님께서 부자들로부터 차별대우를 받는 가난한 형제들을 택하사 믿음에 부유하게 하셨다는 점을 언급했다. 야고보가

2:5에서 먼저 강조하고 있는 것은 하나님이 세상에서 가난한 자를 택하셨다는 것이다. 선택 교리에 있어서 학자들 사이에 약간의 논쟁이 있는 것은 사실이다. 본문에서 야고보가 교리적으로 논쟁하기 위해 선택이란 용어를 사용한 것은 아니라고 생각한다. 선택은 하나님께서 죄와 멸망으로 타락한 전 인류 가운데서 얼마의 사람들을 자신의 자유롭고 기쁘신 의지에 따라 그리스도 안에서 구원받도록 계획하신 것을 말한다. 개혁신학은 인간이 전적으로 타락하여 자신의 타락한 의지로는 도저히 그리스도를 믿을 수 없기에 하나님께서 구원받을 자들을 선택하셨다고 말한다.[2] 이러한 신학적 설명은 선택은 인간의 결정사항이 아니라 하나님이 주권적 결정에 근거하고 있다는 것을 강조한 것이다.

하지만 야고보가 본문에서 "가난한 자를 택하사"라고 표현한 것은 하나님의 선택이 가난한 자에게만 국한되어 있다는 것을 말하려는 것이 결코 아니다. 야고보는 이 구절에서 가난한 자가 하나님의 선택 안에 있고 부자는 유기된 자라는 것을 말하려는 것이 아니다. 하나님은 가난한 자도 부한 자도 자기의 기쁘신 뜻대로 선택할 수 있다. 누구를 자기 백성으로 선택하시든지 그 결정은 하나님이 주권적 영역에 속한다. 채영삼은 하나님께서는 이 세상의 부패한 근본 질서와 원리를 뒤집는다고 했다.

---

2) Beeke, Joel R. *Living for God's Glory: An Introduction to Calvinism*, 신호섭 역, 『칼빈주의』 (서울: 지평서원, 2008), 119-123.

이 때문에 하나님께서는 '부러' 세상에서 천대받고 가난하고 차별받는 자들을 택하신다(참고. 고전 1:26~31). 그들이 다른 사람들보다 낫기 때문이 아니다. 그분의 주권과 통치의 특징을 증거하려 하심이다. 세상이 판단하고 버리고 외면하고 짓밟은 그들을, 오직 그분의 주권과 은혜로써 의롭다 하시고 넘치는 복을 주시고 장차 오는 나라의 유업을 주신다. 그래서 하나님의 백성들 자체가, 이 세상의 원리로는 설명될 수 없는 하나님 나라의 통치의 살아 있는 증거가 된다. 그들이 모인 공동체, 곧 교회는 그래서 이 세상 한복판에서 전혀 이 세상의 원리로 살지 않는, 장차 오는 하나님 나라의 증거이고 또한 그렇게 되어야 마땅한 것이다.[3]

여기서 야고보가 강조하려는 것은 선택된 하나님의 자녀들이 세상의 것들로 풍족하지 못하여 차별대우를 받지만 믿음 안에서 영적인 부유함으로 신앙의 승리자가 될 수 있다는 것이다. 이런 의미에서 "하나님이 세상에서 가난한 자를 택하사 믿음에 부유하게 하시고"라고 말한 것이다. "믿음에 부유하게 하시고"(rich in faith)란 표현 역시 믿음이 크든지 또는 작든지, 양에 따라 부유함과 가난함이 결정되는 것이 아니라 믿음 그 자체로 인해 부유하다는 것이다. 따라서 믿음 안에 있는 모든 자는 부유할 수 있다.

---

3)   채영삼, 『지붕 없는 교회—야고보서의 이해』, 169.

야고보는 이어서 믿음 안에서 하나님을 사랑하는 자들에게 "약속하신 나라를 상속으로 받게" 하셨다고 말한다. 상속의 권리는 하나님을 사랑하는 자들에게 주어진 약속이다. 야고보는 또한 가난한 자들만 하나님 나라를 상속받는다는 것을 강조하려는 것은 아니다. 하나님이 택하여 믿음을 선물로 주시고 하나님을 사랑하는 모든 자는 하나님 나라를 상속으로 받는다. 하나님 나라의 상속이 얼마나 위대하며, 얼마나 크며, 얼마나 풍성한가! 이것이 믿음 안에서 얻는 부유함이 아닌가.

타스커는 "하나님께서 가난한 자들을 선택하신 것은 하나님을 사랑하도록 하기 위함이며, 하나님 나라의 상속은 그를 사랑하는 자들을 위하여 준비된 것"이라고 했다.[4] 이러한 관점에서 볼 때 야고보는 성도들에게 있어 물질의 부유함보다 믿음 안에서의 부유함을 더 가치 있게 평가하는 듯하다. 그는 믿음에 부유하고 하나님을 사랑하는 자들이 받을 축복은 엄청나게 크다는 것을 알리고 있다. 세상이 줄 수 없는 천국을 상속받게 된다는 것이다. 이것이 차별대우를 받고 물질에 가난한 자들에게 주시는 하나님의 축복이다.

야고보서 4:13~14에서의 평가

야고보서 4:13~14은 세상 한복판에서 살아가는 그리스도인에게 많은 교훈을 던진다. 예배당 밖을 나가면 밀려오는 세상의 물결, 불

---

4)   Tasker, R. V. G. *The General Epistle of James*, 59.

신자들과 사업상의 거래를 해야 하고, 돈 문제에 대하여 때로는 속이고 속기도 해야 하는 현실과 마주치면서 신앙의 갈등을 경험한다. 야고보는 본문에서 경제 활동에서 장사를 통해 이익만 추구하려는 사람들을 향해 더 가치 있는 삶을 추구할 것을 비유를 통해 전달한다. 야고보서 4:13의 말씀은 자유시장경제의 구조 속에 살아가는 자들이 다른 도시나 나라에 가서 사업하거나 장사하는 것을 반대하는 말은 아니다. 사람의 삶에 필요한 재화나 물건을 사고파는 행위를 비난하는 것도 아니다. 어느 대도시나 지방 도시에서든 장사(business)하는 자들은 있기 마련이다. 이것은 한 지역이나 지방 경제의 활성화에 기여하는 긍정적인 신호이기도 하다.

이 본문 안에서 사업과 관련하여 유추할 수 있는 하나의 가르침이 있다. 장사는 좋은 제품을 만들어 구매자에게 유익하고 활용가치를 높게 해주고, 소비자가 만족하도록 해야 하며, 정당하게 이익을 얻어야 한다는 것이다. 이익을 추구하지 않는 장사란 없다. 물론 얼마의 이익을 얻어야 할 것인가에 대해서는 본문이 말하지 않는다. 얼마의 이익을 얻도록 해야 할 것인가는 전적으로 시장과 사업가의 결정에 달려있다. 제품의 원자재와 노동력과 투자액을 계산하여 적절한 가격을 정해야 할 것이다. 그러나 지나친 폭리는 시장경제의 혼란을 부추기며, 정당한 가격을 정해야 하는 상업윤리에서 벗어난 행동이며, 죄를 짓는 일일 수 있다.

그리스도인은 사업에서 '밑지고 판다'(sell something below cost)는 말을 삼가야 한다. 왜냐하면, 장사에서 밑지고 파는 사람은 아무도 없기 때문이다. 물론 일시적으로 손해를 감수해야 하는 상황은 발생할 수 있다. 팔지 않으면 모든 것을 폐기처분해야 할 때 손해를 보고서라도 파는 것이 조금은 더 유익하다. 그러나 일반적으로 이익이 조금 적을 뿐이지 밑지고 파는 일은 없다. 그러므로 그리스도인은 말과 행위에 항상 조심해야 한다. 정말 밑지고 파는 것처럼 사람을 속이려는 마음과 생각은 버려야 한다. 이익이 없는 것처럼 사람을 기만하는 말이나 행위는 윤리적으로 올바르지 못하다. 그리스도인은 하나님이 듣고 보고 계시기 때문에 정직하게 말하고 행동해야 한다.

이 본문은 오늘이나 내일이나 생존을 위해 장사하는 일을 포기하라고 권면하는 가르침도 아니다. 사람이 자신의 미래를 위해 준비하는 일은 현명한 일이다. 당시 소작농들이 지주들로부터 당하는 무시와 임금의 착취, 한편으로 교통의 발전으로 인하여 여기저기 다니며 팔고 사는 거래상들이 생기기 시작했고, 소작농에서 벗어나 나름대로 부를 축적하여 가난이라는 꼬리표를 떼어버리기 시작한 사업가들도 있었다. 생존과 더 나은 삶을 위해 부지런히 노동해야 한다. 그러나 장사하든 노동을 하든 삶을 위해 무엇을 하든 물질만 추구하며 살아가는 자에게 인간의 생명도 잠시 살다가 안개처럼 사라진다는 것을 비유로 교훈하고 있다. 땅과 하늘을 덮고 있는 안개는 햇빛이 나면 완전히 걷히고 흔적 없이 사라지게 된다는 점을 인간 생명과 관련하여 은유적으로 설명하는 것이다. 성경은 인생의 생명이 짧다는 것을 여러 가지로 비유한다. 인생은 들의 꽃과 같고(사 40:6~7), 바람과 같고(욥 7:7), 바람에 날리는 낙엽과 같고(욥 13:25), 그림자 같고 (욥 14:2), 안개와 같다(약 4:14)고 말한다.

　이 비유적 설명은 현실에서 영원히 사는 것처럼 재물을 움켜쥐려고 하는 욕망과 교만한 마음을 제어하게 하는 역할을 한다. 사람이 만일 온 세상을 얻고도 자기 생명을 잃게 된다면 무엇이 유익한가! 이것을 계산하지 못한다면 이는 어리석은 사업가요 자기의 가장 소중한 생명을 잠시 있다가 사라질 안개와 맞바꾸는 무능한 장사꾼이 된다. 영원한 것의 소중함을 잊고 순간적인 이익만 챙기려는 사업가요, 자신의 영원한 생명을 세상의 것들로 맞바꾸려는 어리석은 사업가이다.

　왜냐하면, 금방 사라질 안개와 같은 물질의 유혹에 끌려 그것이 전부인 것처럼 신뢰하기 때문이다. 이처럼 현세의 물질이나 부에 마음을 빼앗기면 인생이 이 세상에 잠시 있다가 사라지는 안개와 같은 존재라는 것을 잊는다. 함께하는 이웃에게 긍휼과 선을 행해야 한다는 것도 잊고, 장차 하나님의 공의로운 심판이 다가오고 있다는 것도 잊는다. 만일 그리스도인이 이렇게 생각하고 사업한다면 영적인 사업에 치명적이다. 비록 세상에서 얻은 것들이 안개처럼 사라진다 해도 그리스도인은 주님의 긍휼과 사랑, 풍성한 하늘의 축복, 장차 얻을 신앙의 열매, 믿는 자에게 약속된 생명의 면류관을 바라보며 영적인 부유함에서 벗어나지 않아야 한다.

야고보는 이 비유를 통해 한편으로 사람은 자기 생명의 주인이 아니며, 자기가 가진 부의 소유자도 아님을 암시적으로 밝힌다. 인간이 소유한 물질뿐만 아니라 생명의 주인은 오직 하나님이심을 일깨워 주고 있다. 하나님만이 오직 만물과 인생의 주권자이시다. 하나님은 주권자이시지만 인생과 만물을 소유만 하고 계신 분이 아니다. 그는 인생과 만물을 그의 손안에서 다스리신다. 그가 사랑하고, 그것이 필요한 자들에게 베푸신다. 다른 한편으로 그는 마치 잠깐 보이다가 사라지는 안개와 같이 살아가는 세상의 것들을 추구하는 허풍쟁이 장사꾼들을 시장터에 세워 놓고 하나님의 뜻대로 살아야 한다는 것을 강조하는 것과 같다. 그러므로 안개와 같이 사라질 물질적 부를 자랑하는 허탄한 자랑을 버리고 부로 선을 행하며 살 것을 강조한다(약 4:16~17).

야고보서 5:1~6에서의 평가

야고보는 5:1~6에서 물질의 부와 관련하여 상당히 부정적인 표현을 사용하고 있다. 그러나 야고보가 재물 자체를 부정적으로 말하는 것은 아니다. 재물을 부당하게 모으고 활용하지 않고 자신만을 위해 움켜쥐고 쌓으려는 자들을 향하여 경고하는 말씀이다. 야고보는 5:2에서 "너희 재물은 썩었고 너희 옷은 좀먹었으며 너희 금과 은은 녹이 슬었으니"라고 했다. 이렇게 설명하면서 5:1~6에서 부한 자들을 지칭하는 인칭 대명사 **"너희"**라는 말을 열한 번이나 사용했다.

필자는 일부 학자들의 해석에 동의하면서 야고보가 언급한 "**너희**"는 불신 토지 소유자들이나 회심하지 못한 부자들이라고 생각한다. 그렇게 생각하는 또 다른 이유가 있다. 만일 야고보가 경고하는 부자들(너희)이 그리스도인 형제들이라면 엄청난 신학적 해석과 적용의 문제가 발생한다. 이들이 그리스도인이라면 이 세상에서 모든 그리스도인은 가장 불행한 자들이 된다. 은금을 소유해서는 안 되고, 부자들이 되어서는 안 되며, 부 때문에 절망에 이르고, 부를 얻기 위하여 의인을 죽이는 자가 된다는 결론에 이른다. 왜 그런가?

첫째, 야고보는 5:1에서 "**부한 자들아 너희에게 임할 고생으로 말미암아 울고 통곡하라**"고 말한다. 부한 자들에게 부로 인한 행복감, 편리함, 안도감, 하나님과 이웃을 위해 사용할 수 있는 넉넉함은 찾아볼 수 없으며, 부로 인하여 고생을 당하고, 그 고생으로 울고 통곡하게 된다는 것이다. 왜 그리스도인이 부로 인하여 고생하고 울고 통곡해야 하는가? 울고 통곡함은 재앙을 만났을 때, 죽음의 상황을 맞이했을 때, 고통이 찾아왔을 때, 심판의 날이 다가왔을 때 일어난다. 그러나 부한 자가 그 부(富) 때문에 고생하고 울고 통곡해야 할 상황에 직면한다면 그 부를 버려야 하며, 부를 포기해야 하지 않겠는가. 그래야 부로 인하여 우는 것과 통곡하는 것이 멈추게 된다. 그렇다면 그리스도인은 모두 부와는 멀어진, 물질에 가난한 자가 되어야 한다는 결론에 이른다.

성경은 정말 모든 그리스도인이 물질에 가난한 자가 되라고 가르치는가? 그리스도인은 부자가 되면 안 된다고 가르치는가? 물질적 부가 무가치한 것이라고 가르치는가? 부자가 될 것을 꿈꾸지 말아야 한다고 가르치는가? 그렇게 가르치는 곳은 성경 어디에도 없다. 다만 하나님께서 은혜로 주신 부를 사랑하거나 해로운 욕심으로 돈을 탐내는 자들에게는 그것이 일만 악의 뿌리가 된다는 경고의 말씀은 있다. 바울은 먹을 것과 입을 것에 자족하는 마음이 없이 욕심으로 부하려는 자들과 돈을 사랑하여 탐내는 자들에게 경고의 메시지를 전한다.

> 우리가 먹을 것과 입을 것이 있은즉 족한 줄로 알 것이니라
> 부하려 하는 자들은 시험과 올무와 여러 가지 어리석고 해로운
> 욕심에 떨어지나니 곧 사람으로 파멸과 멸망에 빠지게 하는
> 것이라 돈을 사랑함이 일만 악의 뿌리가 되나니 이것을 탐내는
> 자들은 미혹을 받아 믿음에서 떠나 많은 근심으로써 자기를
> 찔렀도다(딤전 6:8~10)

따라서 야고보서 5:1의 표현은 부자 그리스도인을 지칭하는 말이 아니며, 그리스도인이 가난하게 되어야 하고, 부를 포기해야 하며, 그가 가진 부로 인하여 울고 통곡하는 자가 되어야 한다는 것을 가르치는 말씀도 아니다. 이 점을 설교자들은 명심해야 한다.

둘째, 5:2에서 **"너희 재물은 썩었고 너희 옷은 좀먹었으며"**라고 했다. 야고보의 표현대로 그리스도인이 가진 모든 재물은 썩어야 하는가? 그가 입는 옷은 좀을 먹어야 하는가? 왜 그리스도인의 재물은 썩어야 하고 옷은 좀먹어야 하는가? 이유가 무엇인가? 도적질해서 모았는가? 보이스피싱(voice-phishing)으로 사기 쳐서 모았는가? 죽이고 빼앗았는가? 쌓아놓기만 하고 남에게 나누어 주지 않아서 곰팡이 피고 썩고 있는가? 옷도 갈아입을 옷이 없어서 한 벌만 입고 사는가? 세탁할 수 없어 장롱 속에 넣어 두어 곰팡이가 나서 좀먹었는가? 그렇게 하지 않았다면 왜 그리스도인의 재물이 썩고 옷이 좀먹어야 하는가?

만일 이렇게 재물이 썩고 옷이 좀먹는 부자들이 그리스도인이라면 그들은 가장 비천하고, 비참하고, 냄새나는 누더기를 걸치고 구걸하면서 원시적인 삶을 살아야 할 자들이 아닌가. 성경 어느 곳에 구속받은 하나님의 자녀들이 그렇게 살아야 한다고 가르치는 곳이 있는가? 따라서 5:2의 이 표현 역시 그리스도인을 지칭하는 말이 아니다. 이 말은 그리스도가 없는, 그리스도를 불신하고 오직 세상의 물질적 부로만 인생의 행복과 평안과 희락을 추구하며 사는 자들을 향해 던지는 경고의 메시지다.

셋째, 5:3에서 **"너희 금과 은은 녹이 슬었으니 이 녹이 너희에게 증거가 되며 불같이 너희 살을 먹으리라"**고 했다. 야고보의 표현에 따르면 부자에게 임하는 재앙이 점점 커져만 간다. 오늘날 부자들은 금을 사들인다. 크게 가치 변동이 없고 물성이 변하지도 않는 금에 투자한다. 경제학자들도 금에 투자하는 것이 오히려 주식에 투자하는 것보다 안정적이라고 말한다. 다른 사람의 금고에서 금을 훔치지 않은 한 자기가 번 돈으로 금에 투자하는 것도 재정과 소유를 늘리는 방법이다. 야고보서 5:3의 표현대로라면 그리스도인 부자는 은(銀)과 금(金)을 가지면 안 되는가? 그리스도인 부자가 가진 은과 금은 살(flesh)을 갉아 먹는가? 은과 금도 녹스는가? 은은 색이 좀 변해도 녹슬지 않는다. 금은 변하지도 않고 녹슬지도 않는다. 더욱이 녹(rust)이 너희 살을 먹게 된다는 것이다. 이것은 무엇을 표현하는 말인가? 이 표현은 불의하게 모았거나 탐욕스럽게 모은 부가 부자들을 멸망시키는 원인이 된다는 표현이다.

만일 야고보서 5:3에서 은과 금을 소유한 사람이 그리스도인이라면 그리스도인이 가진 금과 은은 불의하게 모으고 탐욕스럽게 모았다는 것인가? 우리는 야고보가 5:3에서 역설적인 표현을 사용하고 있다는 것을 알아야 한다. 인간이 최고의 자랑거리로 삼는 황금의 보물도 녹슬어 광채를 잃어버리게 될 날이 온다는 것이다. 엄격히 말하자면 금은 녹슬거나 침식되지 않는다. 그러나 금이나 은이 '녹슬다'(gold and silver are corroded)라는 표현은 부자가 행하는 사회적 불의를 폭로하려는 것이다. 탐욕이 가득하고 부를 사랑하는 사람은 필요할 때 가난한 자를 위해 부를 사용하지 않고 오히려 자신의 사치와 향락을 위해 부를 사용한다. 가난한 이웃을 곁에 두고서도 날마다 부를 축적하는 것은 분명 사회적 악이다.

이런 행위를 야고보는 **"너희가 말세에 재물을 쌓았도다"**(You have laid up treasure for the last days)라고 표현한다. 이 표현은 정의롭게 재물을 모으고, 모은 재물을 저축하는 것을 비난하는 말이 아니다. 야고보의 표현은 불신자들은 자신만을 위해 재물을 쌓으며, 그 재물을 하늘에 쌓지 않고 땅에 쌓는다. 이렇게 땅에 재물을 쌓는 것은 불신자들이 하는 일이며, 그러한 행동은 재물에 대한 우상숭배일 수 있다고 경고한다.

이러한 경고는 예수님의 가르침에서 발견할 수 있다. 예수님은 땅에다 보물을 쌓지 말고 하늘에 보물을 쌓을 것을 제자들에게 가르치셨다. 보물을 땅에 쌓아두지 말라고 하신 이유는 "거기는 좀과 동록이 해하며 도적이 구멍을 뚫고 도적질하기"(마 6:19) 때문이다. 그렇다. 땅에 쌓아둔 **재물은** 언제나 도둑맞을 위험성이 있다. 도둑들은 집의 벽 밑을 파거나 문을 뜯고서 침입하여 귀중한 보물을 담은 금고를 털어 갈 수 있다. 그것이 땅에 보물을 쌓아두는 것이다. 그러면서 예수님은 제자들에게 물질을 가장 가치 있게 투자하고 사용할 수 있는 방향을 제시했다. 그것은 한 사람이 두 주인을 섬길 수 없듯이 "너희가 하나님과 재물을 겸하여 섬기지 못하느니라"(마 6:24)라고 한 것이다.

글렌 스타센(Glen H. Stassen)과 데이비드 거쉬(David P. Gushee)는 마태복음 6:19~24의 문맥을 해석하면서 "재물에 관대함은 땅에서의 보물들을 이생과 내생의 삶에 대한 하나님의 인정하심과 맞바꾸는 것"이라며, "경제적 관대함과 정의를 행함으로써 하나님의 정의와 사랑의 통치에 우리의 재물을 투자하는 것이다"[5]라고 했다. 그러므로 야고보는 오직 자신만을 위해 부를 쌓고, 그 부로 방탕하고 사치하는 세속 부자들을 경고하면서 그들에게 다가올 개인적 종말에 대하여 경고하는 표현이다. 따라서 5:3이 언급하는 **"너희"**는 그리스도인 부자를 지칭하는 말이 아니다.

넷째, 5:4에서 **"너희 밭에서 추수한 품꾼에게 주지 아니한 삯이 소리 지르며 그 추수한 자의 우는 소리가 만군의 주의 귀에 들렸느니라"**고 했다. 그리스도인이 밭에서 추수를 위해 일한 일꾼에게 삯을 주지 않았는가? 그리스도인은 노동하고 삯을 받지 않아도 되는가? 왜 삯을 받아야 할 품꾼이 여호와의 귀에 들리도록 소리칠 때까지 임금을 지불하지 않았는가? 모든 그리스도인이 임금 착취범인가? 정말 이 구절에서 **'너희'**라고 지칭하는 말이 그리스도인을 가리키는 것인가? 이 표현이 그리스도인을 지칭한다면 모든 그리스도인은 지옥에 가야 할 자들이 아닌가?

야고보서 5:4의 이 표현은 야고보가 당시 토지 소유자들이나 사업가들이 품꾼들에게 정당한 삯을 주지 않은 것을 폭로하는 것이다.

---

5) Stassen, Glen H., Gushee, David P. 신광은. 박종금 옮김, 『하나님의 통치와 예수 따름의 윤리』 (대전: 대장간, 2011). 544.

'삯이 소리 지른다'(The wages are crying out against you)라는 표현은 노동하고도 삯을 받지 못한 품꾼들이 원통해하며, 착취당한 품삯을 돌려받기 위해 정의의 하나님께 절규하는 것을 은유적으로 표현한 것이다. 만일 5:4에서 "너희"가 그리스도인이라면 그리스도인은 악덕 사업자고, 악덕 주인이다. 그리스도인 부자들이 이렇게 행동했다면 악덕 사업가로, 임금 착취범으로 고발당하고 감옥에 들어가야 한다. 모든 그리스도인은 부를 소유하기 위해 품꾼의 임금을 착취한 것으로 인하여 불행한 자가 되어야 한다. 참으로 이 표현이 모든 그리스도인을 불행하게 만들도록 하는 말씀인가? 아니다. 그러므로 이 구절에서 "너희"는 그리스도인을 지칭하는 것이 아니다.

다섯째, 5:5에서 **"너희가 땅에서 사치하고 방종하여 살육의 날에 너희 마음을 살찌게 하였도다"**라고 했다. 야고보 당시 그리스도인이 땅에서 사치하고 방종하였는가? 살육의 날에 너희 마음을 살찌게 했는가? 모든 그리스도인이 자기만을 위해 먹고 살쪄서 비둔해졌는가? 그래도 세상에서 이웃들과 나누려고 하고, 나누고 있는 자들이 그리스도인이 아닌가? "살육의 날에 너희 마음을 살찌게 했다"는 표현은 여러 해석이 있을 수 있다. 그러나 야고보가 경고하는 의도는 개인이 받을 종말적 심판 때까지 부로 자신의 쾌락과 연락에 빠져들어 마음이 우둔하고 무감각한 자가 되었다는 말이다. 이것이 마음을 살찌게 했다는 의미이다.

그리스도인이 이렇게 살아가는 자들인가? 아니다. 이것은 하나님을 믿지 않는 세상 불신자들이 살아가는 전형적인 모습이다. 불신자들이 사치하고 방종하는 것은 탐욕에서 비롯된다. 사람의 탐욕은 부를 쌓아두고 자비를 베풀지 않음으로써 결국 이웃의 가난과 고통에 동참하지 못하는 죄를 범하게 된다. 만일 부자가 5:5의 말씀처럼 살고 있다면 자신이 도와야 할 가난한 이웃이 있다는 도덕적 책임감을 완전히 상실한 자일 것이다.

우리는 이런 사실을 어리석은 부자의 이야기에서도 발견한다(눅 12:13~21). 그는 하나님께서 자신에게 넘치도록 부어주신 풍성한 소출과 쌓아둘 곳이 모자라도록 축복하신 하나님의 은혜에 당연히 반응해야 했다. 그는 누군가 물질이 필요한 자, 그리고 가난한 자에게 자신의 풍성한 소유를 나눌 수 있는 자였다. 나누는 것이 천국에 보화를 쌓는 일이지만 이 부자는 자신만을 위하여 보물을 땅에 쌓았다. 자신을 위해 평안히 쉬고 먹고 마시고 즐거워하자고 했다. 하나님은 이 부자를 어리석은 자라고 했다. 생각해 보자. 참된 그리스도인이라면 이렇게 살아가지 않는다. 그리스도인은 부가 하나님의 은혜와 축복으로 주어졌다는 것을 믿으며, 그 부로 주님의 나라 확장과 선교와 이웃 사랑 실천을 위해 활용하는 자이다. 그러므로 야고보가 5:5에서 말하는 부자를 지칭하는 **"너희"**는 그리스도인을 말하는 것이 아니다.

여섯째, 5:6에서 **"너희는 의인을 정죄하고 죽였다"**고 했다. 이 구절의 표현은 **"너희"**가 그리스도인이 아니라는 사실을 더 확실하게 보여준다. 여기서 야고보는 의인(義人)을 정죄하고 죽인 자인 악인과 의인(칭의된 자)을 대비하여 설명한다. 여기에서 의인은 믿음으로 의롭다함을 받은 자를 가리킨다. 그렇다면 믿음으로 의롭다함을 받은 칭의된 그리스도인이 다른 의인을 죽인다는 것을 말하는 것인가? 모든 그리스도인이 살인자인가? 그것을 말하는 것이 아니다. 오히려 불신 부자가 믿음으로 살아가는 의인을 죽이는 자라고 보는 것이 타당하다. 따라서 야고보가 5:1~6에서 지칭하는 부자는 그리스도인 부자가 아니라는 결론에 이른다.

그러므로 이 본문을 설교하는 자들은 깊이 연구하고 신중하게 설교해야 한다. 본문을 통해 주님께서 가르치시려는 목적과 의도와 교훈을 이해하고 설교해야 한다. 만일 이 문맥에서 부자를 지칭하는 **"너희"**를 그리스도인 부자로 보고 본문을 해석하여 적용한다면 목회자 자신의 가족을 포함하여 모든 그리스도인은 거지가 되어야 하며, 야고보가 비난하는 대로 부자에게 임하는 불행한 상황이 그리스도인에게 임해야 한다. 물론 야고보가 불신 부자들을 향하여 이렇게 부의 오용과 악용에 대하여 강하게 비난하는 말은 그리스도인도 경각심을 갖도록 하는 경고의 메시지가 있다는 점을 잊어서는 안 된다. 그리스도인은 하나님과 재물(부)을 겸하여 섬길 수 없다(마 6:2; 눅 16:13). 재물과 부는 활용의 대상이지 결코 섬김의 대상이 아니다.

부자와 품꾼 사이의 양극화 현상과 극복

야고서 1:9~10에서는 '낮은 형제와 부한 자', 2:2에서는 '아름다운 옷을 입은 사람'과 '남루한 옷을 입은 자', 2:6에서는 '가난한 자와 부자', 4:6에서는 '교만한 자'와 '겸손한 자', 5:1-4에서는 '부한 자와 품꾼' 그리고 5:6에서는 '의인'과 '의인을 죽인 자'를 대비적으로 표현하고 있다. 이런 표현은 당시 사회의 상업적 그리고 경제적 구조하에서 부자와 빈자 사이에 두드러지게 나타난 차별이 존재했음을 보여주고 있다.

첫째, 야고보는 당시 농업과 상업의 주도적인 환경 가운데서 부한 자와 낮은 형제 사이에 존재하는 양극화 현상을 보여주고 있다. 야고보가 사용한 대비적 표현 가운데 '낮은 형제', '남루한 옷을 입은 자', '가난한 자', '품꾼', '겸손한 자' 그리고 '의로운 자'란 경제적으로 재물이나 재산을 적게 가진 자를 지칭한 것으로 볼 수 있다. 반대로 '아름다운 옷을 입은 자', '부자', '교만한 자', '의인을 죽인 자'는 부와 권세를 가진 세속적인 부자로 볼 수 있다. 이 두 그룹의 집단 사이에 두드러지게 나타나는 것이 경제적 양극화 현상이다.

야고보는 먼저 그리스도인에게 경제적 양극화를 극복할 수 있는 마음의 자세에 대하여 제안한다. 세속 부자들처럼 재물의 욕심에 끌려 미혹되지 말 것을 가르친 것이다(약 1:14~15). 그리스도인은 비록 재물을 적게 가진 자들이라도 그리스도의 사랑을 받는 만큼 경건하게 살 것을 권면한다. 오히려 자기가 가진 재물로 더 낮은 위치에 있는 자들을 도울 것을 권면한다. "하나님 아버지 앞에서 정결하고 더러움이 없는 경건은 곧 고아와 과부를 그 환난 중에 돌아보고 또 자기를 지켜 세속에 물들지 아니하는 것이니라"(약 1:27)라고 했다.

야고보는 여기서 정결하고 더러움이 없는 참된 경건이 무엇인가를 실제적인 관점에서 가르친다. 일반적으로 경건이란 종교가 요구하는 일련의 종교적 법령이나 예전적 규례를 따르며 생활하는 것을 의미한다. 그러나 야고보가 여기서 강조하려는 것은 경건이란 단어의 어의적, 신학적인 의미를 밝히려는 것이 아니다. 하나님 앞에서 참된 경건을 어떻게 생활 속에서 드러내 보여야 하는가를 가르치려는 것이다. 한편으로 참된 경건은 말과 행동을 통해 나타나야 한다는 것이다. 그래서 야고보는 형제들에게 "듣기는 속히 하고 말하기는 더디 하며 성내기도 더디 하라"(약 1:19)고 한 것이다. 자신의 말을 통제하면서 "마음에 심어진 진리의 말씀을 받아" 그것을 행하며 사는 자가 경건한 자라는 것이다.

다른 한편으로 경건은 경제적으로 양극화가 두드러진 세상에서 약자이고 가난한 자를 돌아보는 일이라고 말한다. 정말 우리의 이웃을 보자. 세상의 이웃도 보자. 고아도, 과부도, 배고픈 자도, 굶주려 뼈만 앙상하게 남은 자도, 병든 자도, 경제적 궁핍 속에 울부짖는 자도 참 많다. 야고보의 호소처럼 최소한 의식주만이라도 해결될 수 있도록 이들을 돌보는 것이 경제적 차별화와 양극화 현실 속에서 약

자를 돕는 참된 경건임을 가르치고 있다.

둘째, 야고보는 당시 초대교회 당시에 그리스도인이 모임의 장소로 사용했던 회당에 들어오는 자들 가운데 아름다운 옷을 입은 자들과 남루한 옷을 입은 자들이 함께 있었다는 것을 말한다(약 2:1~4). 이미 신자와 불신자들이 함께 모인 회당 안에서도 차별 현상이 나타나 있었다. 아름다운 옷을 입은 자나 금가락지를 끼고 들어오는 자들은 좋은 좌석에 앉히고, 남루한 옷을 입은 가난한 자는 그들의 발등상 아래 앉으라고 했다. 이는 교회 안에서도 부자와 가난한 자의 차별이 존재한다는 것이다.

이 차별의 문제는 과거나 지금이나 사회 안에 만연된 현상이다. 특별히 공산주의 사회나 경제적으로 빈약한 국가 안에서 더 두드러지게 나타나는 현상이다. 야고보는 이 차별하는 현상이 악한 생각에서 나오고(2:4), 죄를 짓는 행동이라고 고발한다(2:9). 그렇게 고발하면서 하나님은 차별하지 않으신다는 점을 드러낸다. 비록 부자는 가난한 자를 업신여기고, 억압하고, 때로는 법정으로 끌고 가기도 하지만 하나님은 그런 자들을 택하사 믿음에 부요하게 하시고 부자가 받지 못하는 하나님 나라를 상속받게 하신다. 이러한 관점은 바울의 가르침과 일맥상통한다. 바울은 이렇게 기록했다.

우리 주 예수 그리스도의 은혜를 너희가 알거니와 부요하신

이로서 너희를 위하여 가난하게 되심은 그의 가난함으로
말미암아 너희를 부요하게 하려 하심이라(고후 8:9)

야고보는 2:5에서 엄청난 인생의 역전 상황을 설명한다. 이 세상
에서 부자의 재물도 썩어 없어지고, 죽음의 장소에 가지고 가지 못
할 것이지만 하나님이 선택하신 자는 하나님 나라를 통째로 상속받
게 된다는 엄청난 약속이 주어졌다.

하나님이 세상에서 가난한 자를 택하사 믿음에 부요하게 하시고
또 자기를 사랑하는 자들에게 약속하신 나라를 상속으로 받게
하지 아니하셨느냐(약 2:5)

이 표현은 예수님께서 그의 제자들에게 "가난한 자는 복이 있나니
하나님의 나라가 너희 것임이요"(눅 6:20)라고 하신 말씀과도 일치한다.
세상은 부자와 가난한 자를 차별하여 대하지만 하나님은 차별하지
않으신다. 따라서 하나님 안에서 세상이 갖지 못하는 복을 받은 그
리스도인은 항상 "이웃 사랑하기를 네 몸같이 하라"(약 2:8~9)고 명하신
법을 잘 지킬 것을 권면한다. 야고보는 이웃 사랑을 위한 구체적인
실천 방향을 제시한다. 다른 사람에게 긍휼을 베풀라는 것이다. 그
래서 야고보는 "긍휼을 행하지 아니하는 자에게는 긍휼 없는 심판이 있
으리라 긍휼은 심판을 이기고 자랑하느니라"(약 2:13)고 말했다. 긍휼이란

말은 단지 동정을 말하는 것이 아니라 실제적인 도움을 주는 불쌍히 여기는 감정을 말한다.

야고보는 형제나 자매가 헐벗고 일용할 양식이 없을 때 그 몸에 쓸 것을 주라고 말한다(약 2:15-16). 가난한 자에게 긍휼을 베풀지 않고 학대하는 자는 그리스도의 법(자유와 긍휼의 법)을 범하는 자로 하나님의 심판을 피할 수 없다는 것이다. 이것이 행함으로 믿음을 증거하는 것이다. 그래서 야고보는 "이와 같이 행함이 없는 믿음은 그 자체가 죽은 것이라"(약 2:17)라고 말한 것이다.

셋째, 토지 소유자인 부자들은 그들의 생산품을 직접 시장에 내다 팔 수 있고, 대량 생산으로 시장의 가격 구조를 주도할 수 있었다는 점을 시사한다. 이 점을 밝히는 것은 여러 도시를 돌아다니면서 장사하여 큰 이익을 챙기려는 자들과 노동력만으로 살아가는 품꾼들 사이의 심각한 양극화 현상이 존재한다는 것을 보여준다. 이런 현상은 오늘날 사회에서는 더 크게 볼 수 있는 현상이다. 어떤 분야에서든지 대량으로 제품을 생산하거나 큰 기업을 경영하는 자들은 자본을 많이 가진 부자들이다. 도시를 순회하면서 제품을 판매하는 상업이나 무역을 하는 만큼 자본이나 제품의 유통을 아는 자들이다. 그들은 자연 재난이나 경제적인 대공황 시에도 크게 걱정하지 않는다. 왜냐하면, 그동안 재산을 축적해놓았거나 물려받은 재산을 소유하고 있거나 언제든지 기술력을 바탕으로 제품의 대량 생산이 가능하기 때문이다.

　그러나 노동력만으로 하루하루를 살아가는 일용직 근로자들과 품꾼들은 대량 생산이나 크게 투자하는 사업은 꿈꿀 수도 없다. 왜냐하면, 축적해둔 자본이 없기 때문이다. 당장 먹고 살아야 하기 때문이다. 오직 자신이 배운 한계 내에서 노동력으로 돈을 벌어 절약하며 살아가야 하는 자들이다. 이런 경제적 양극화가 존재하는 현실에서 야고보는 물질과는 비교할 수 없는 인간의 귀한 생명도 잠깐 보이다가 없어지는 안개와 같다는 것을 비유적으로 설명한다. 땅 위에서 인간의 생명이 영원할 것 같지만 빨리 지나간다. 그렇다면 인간 생존에 필요한 물질은 영원한가? 아니다. 생명이 안개처럼 사라지면 물질은 아무런 존재 가치가 없다. 생명을 잃었고, 생명이 없는데 물질이 왜 필요한가.

　그래서 예수님은 "사람이 만일 온 세상을 얻고도 자기 생명을 잃으면 무엇이 유익하리요"(마 16:26)라고 하셨다. 따라서 그리스도인은 허탄한 것을 자랑할 것이 아니라 선을 행하는 것이 자랑할 일임을 교훈한다(약 4:13~17). 아마 '허탄한 자랑'은 상업을 통하여 얻은 이익으로 이것도 하고 저것도 할 수 있다는 마음의 자세일 것이다. 만일 이것을 자랑한다면 '그러한 자랑은 다 악한 것이라'고 했다. 그렇다. 신자가 자랑해야 할 것은 상업의 이익으로 얻은 부나 재물이 아니다. 주 예수 그리스도를 믿음으로 얻은 영원한 생명을 자랑해야 한다. 양극화 현실에서 부와 재물만을 자랑하려는 자들에게 생명의 귀중함을 전하고, 선을 행하기를 잊지 말 것을 가르친다. 그리스도인은 악행이 무엇이고 선행이 무엇인지를 안다. 그렇다면 야고보가 말하는 선행은 무엇인가? 4:13~17 안에서 야고보는 선행이 무엇인가를 구체적으로 밝히지 않았다.

채영삼은 '선한 것'은 4:13~16의 문맥상 도시를 방문하며 돈을 벌고 사업하는 그 영역이 하나님의 주권 아래 있다는 것을 겸허히 인정하는 태도라고 했다. "자신이 사업하는 일, 직장 생활의 모든 일마저 하나님이 다스리고 주관하시는 영역임을 인정하는 태도이다. 그리고 그 모든 일에서 하나님의 뜻을 구하고 따르는 태도이다. 여기서부터 지혜가 나오고, 헛된 자랑이나 허탄한 교만에서 나오는 세속적인 자랑이 자리잡을 여지가 사라지게 된다."[6] 그렇다. 그리스도인은 모든 삶의 영역에서 하나님의 절대 주권을 인정하며 살아야 한다. 이것이 아브라함 카이퍼가 주장하는 영역 주권 사상이다. 어떤 생활 속에서도 하나님의 주권과 소유권과 통치권을 인정하며, 인생 삶의 계획과 목적과 방향을 제시하는 말씀을 실천하며 사는 것이 선행을 실천하는 일이다.

또 상업하는 자의 관점에서 생각할 때 야고보가 말하는 선행은 사업하는 자가 지켜야 할 상업윤리일 것이다. 상업은 판매자와 구매자 사이의 거래를 통해 이루어진다. 이 속에 말과 행동이 오고 간다. 특별히 판매자는 말과 행동에서 정직하고 진실함을 보여야 한다. 제품에 관하여 과대 선전을 하거나, 불량품을 속여 팔거나, 가격을 부

---

6)   채영삼, 「지붕 없는 교회—야고보서의 이해」, 323.

풀리거나, 이익이 없이 밑지고 판다고 말하거나 하는 행동은 상업윤리에서 벗어난 것이다. 고객을 속여서 부당한 이익을 얻으려고 해서는 안 된다. 정직하고 진실해야 한다. 이것이 선행이다.

야고보가 말하는 4:13~16과 5:1~6의 문맥상의 또 다른 관점은 재물을 쌓아놓은 부한 자와 품꾼 사이에 양극화된 상황이 존재한다는 것이다. 이런 상황에서 이익을 얻은 자와 재물이 많은 부한 자들이 해야 할 선행은 무엇인가 하는 것이다. 당연히 더 낮은 형제를 긍휼히 여기는 마음으로 대하고 경제적 도움을 주는 일이다. 이것이 선행이다. 그리스도인은 상업에 종사하든, 직장 생활을 하든, 성직자로 살든 이웃을 긍휼히 여기는 마음으로 살아야 한다. 물질 사용에 있어서 세상보다 교회가 더 차갑다. 부한 자들이 노력하고 땀 흘리고 육체적이고 정신적인 고통을 감내하며 번 돈일지라도 가난한 이웃을 돕는 일을 위해 사용할 때 이익과 돈과 재물의 가치가 얼마나 큰지 마음에 느끼게 된다. 적은 것이라도 돕는 마음에서 참된 행복을 맛보게 된다. 이런 실천이 뒤따를 때 양극화의 사회는 조금이라도 균형을 이루게 될 것이다.

넷째, 야고보는 재물로 사치하며 방종하는 부자들과 하루 노동에서 삯을 받지 않으면 생계가 곤란한 품꾼들 사이의 양극화 현상을 가장 두드러진 것으로 설명한다. 부자들은 땅에서 사치하고 방종한다. 방종(self-indulgence)은 제멋대로 행동함을 말한다. 영혼을 파멸시키는 도덕적인 방탕한 생활을 말한다. 오직 육신의 쾌락과 즐거움을 추구하며, 폭식과 폭음으로 정신적이나 영적으로 우둔한 자가 된다. 야고보는 부자들과 품꾼들 사이에 이러한 차별화된 현상이 영원토록 지속되지 않을 것이라는 점을 설명한다. 언젠가 재물은 썩게 되고, 인생의 종말이 닥치면 울고 통곡할 날이 이를 것이라고 말한다 (약 5:1~2).

야고보는 그리스도인에게 이런 현실 가운데서도 농부가 땅에서 나는 귀한 열매를 바라고 이른 비와 늦은 비를 기다림같이 길이 참고 마음을 굳건하게 하라고 권면한다(약 5:7~8). 또 서로 원망하지 말고 기다리라는 것이다. 야고보가 말한 '이른 비'와 '늦은 비'는 비옥하지 못한 팔레스타인 땅에서 농사와 목축하는 자들에게 내려 주시는 하나님의 은혜의 단비를 가리키며, 여호와의 축복으로 살아갈 수 있다는 것을 강조한 말이다. 여호와의 은혜와 축복을 인내로 기다리도록 권면하면서 경제적 약자들에게 희망의 메시지를 던진다. 그것이 야고보서 5:10-11의 말씀이다.

형제들아 주의 이름으로 말한 선지자들을 고난과 오래 참음의 본으로 삼으라 보라 인내하는 자를 우리가 복되다 하나니 너희가 욥의 인내를 들었고 주께서 주신 결말을 보았거니와 주는 가장 자비하시고 긍휼히 여기시는 이시니라 선지자들 가운데 욥의 인내를 본보기로 제시하며 참고 기다리라는 것이다. 인내하는 자가 복되다는 것이다. 동방의 의인이었던 욥은 갑자기 엄청난 고난과 고통, 비난과 절망적인 상황을 맞았다. 그래서 하나님께 불평을 토로하기도 했다(욥 7:11~21). 야고보는 욥이 그러했음에도 불구하고 끝까지 인내한 신앙의 사람이라는 것을 강조한다. 야고보는 욥이 여호와께서 주신 결말을 보았다고 했다(약 5:11). 욥의 인내에 대하여 주님께서 주신 결말이다. 여호와께서 욥에게 주신 결말이란 여호와께서 마지막에 욥을 어떻게 다루셨는가를 말한다. 욥은 그의 말년에 하나님으로부터 놀랍고도 엄청난 물질의 복을 받았고, 그의 가정은 잃어버린 것들을 모두 회복했다(욥 42:10~16). 욥이 참고 기다림으로 하나님께서 허락하지 않고서는 성취할 수 없는 엄청난 복을 받은 것처럼 끝까지 인내하는 자에게 주님께서 자비와 긍휼을 베푸신다는 것을 권면한다. 채영삼은 욥의 인내를 멋지게 표현했다.

> 분명 욥은 끝까지 하나님을 상대했다. 하나님과 씨름했지만,
> 원망하고 실망하고 비난에 준하는 발언들을 서슴지 않았지만,
> 그는 하나님과의 씨름 속에 악착같이 남아있었다. 그는 이해할
> 수 없는 고난과 풀리지 않는 수수께끼를 그대로 끝까지 들고
> 살았다. 인내란 그런 것이다. 하나님께서 그 많으신 긍휼
> 속에서 욥의 아픔을 이해하셨다. 그리고 그의 인내도 인내로

보아주셨다. 또한 그 많으신 긍휼과 자비로, 욥의 '인내 같지 않은 인내'에 황송하고 황홀한 열매를 주셨다.[7]

그렇다. 야고보가 언급하고 있는 것처럼 하나님의 자비와 긍휼은 무궁하다(약 5:11). 하나님의 자비와 긍휼은 그의 백성을 떠난 적이 없다. 하나님은 그의 백성에게 자비를 긍휼히 베푸신다. 자비와 긍휼은 항상 함께 움직이고 있다. 그러기에 성도에게는 인내가 필요하고, 기다림이 필요하다. 성도는 결말에 주실 복을 기대하며 소망을 갖고 살아갈 것을 권면한다. 그래서 그는 이렇게 권면한다.

> 형제들아 주께서 강림하시기까지 길이 참으라 보라 농부가 땅에서 나는 귀한 열매를 바라고 길이 참아 이른 비와 늦은 비를 기다리나니 너희도 길이 참고 마음을 굳건하게 하라 주의 강림이 가까우니라 형제들아 서로 원망하지 말라 그리하여야 심판을 면하리라 보라 심판주가 문 밖에 서 계시니라(약 5:7~9)

> 보라 인내하는 자를 우리가 복되다 하나니 너희가 욥의 인내를 들었고 주께서 주신 결말을 보았거니와 주는 가장 자비하시고 긍휼히 여기시는 이시니라(약 5:11)

---

7)   채영삼, 『지붕 없는 교회—야고보서의 이해』, 362.

이러한 야고보의 권면은 경제적 차별이 존재하는 세상에 살면서 가난한 자가 부자를 향하여 비난하거나 원망하지 않고 하나님의 은 총 안에 거하는 비결이 무엇인가를 제시한 것이다. 야고보는 오히려 고난을 받으며 사는 자가 인내하면서 더 적극적인 신앙의 행동을 보일 것을 권면한다. 더 적극적인 신앙 자세가 무엇인가? 기도해야 한다는 것이다. 그래서 야고보는 "너희 중에 고난 당하는 자가 있느냐 그는 기도할 것이요 즐거워하는 자가 있느냐 그는 찬송할지니라"(약 5:13)라고 했다.

야고보는 여기서 기독교의 특징인 역설의 진리를 가르친다. 즐거워하는 일이 생길 때 찬송하는 일은 그리 어렵지 않다. 즐거운 일이 있을 때 입에서 노래가 나오고 찬송이 나온다. 그런데 고난받는 와중에는 그리 쉽게 기도하지 못한다. 분노와 좌절감과 심적이고 육체적인 고통으로 기도할 마음이 생기지 않는다. 원망도 하고 자책도 하면서 속이 상하고 번민이 되어 밤잠을 설치기도 한다. 모든 문제를 주님 앞에 토해내는 데는 시간이 걸린다. 이것이 기독교 성경이 가르치는 역설의 진리이다. 그래서 야고보는 고난과 마주칠 때 그 고난의 문제를 해결하기 위해서는 기도해야 한다는 것이다. 신자에게는 기도가 문제를 풀어가는 해결책임을 제시한 것이다. 이 진리의 약속 때문에 차별이 있고 양극화된 세상에서도 신자는 기죽지 않고 균형을 이루며 당당히 살아갈 수 있다.

불신자의 부의 오용이 가져올 재앙

야고보는 부자들에게 부의 오용으로 말미암아 임하게 될 위협적인 형벌을 선언한다. 왜 부자들에게 임할 고생으로 그들이 울고 통곡하는가? 그것은 부 자체가 불의해서도 아니고 부자가 부를 누리기 때문도 아니다. 문제는 부와 재물의 잘못된 사용 때문이다. 부자들은 재물을 쌓는 일에만 몰두했다. 야고보는 부자를 향하여 "너희가 말세에 재물을 쌓았도다"(약 5:3)라고 했다. 재물은 쌓아두는 것으로 가치를 발휘하지 못한다. 오히려 재물은 사용되고 베풀 때 그 가치를 발휘한다. 재물을 사용하지 않고 자신을 위해 쌓아두면 기능을 할 수 없고 썩게 된다. 옷 역시 사용하지 않고 그대로 두면 곰팡이도 피고, 좀먹게 된다. 나중에는 못 쓰고 버린다.

야고보는 재물을 쌓아두고 그 재물로 사치하고 방종하는 부자들에게 임할 심판의 확실성을 강조한다. 부자가 쌓아놓은 재물로 인해 심판이 경감되지 않는다는 점을 가르친다. 야고보는 심판의 확실성을 '말세'라는 시간적 의미로 표현한다. 그리스도인은 항상 말세에 살고 있다. 베드로는 오순절 성령강림의 사건이 요엘 선지자가 예언(욜 2:28~32)한 말세에 나타날 하나의 성취로서 설명하고 있다(행 2:17). 야고보서의 이러한 진술은 바울이 로마서 2:5에서 "네 고집과 회개치 아니한 마음을 따라 진노의 날 곧 하나님의 의로우신 심판이 나타나는 그 날에 임할 진노를 네게 쌓는도다"라고 한 말씀과 같은 진리이다. 따라서 자기를 위해 쌓아두고 가난한 이웃을 위해 사용하지 아니한 재물은 사실상 하나님께서 심판의 날에 거룩한 진노를 일으킬 증거가 된다. 하나님의 심판이 엄중하기에 재물을 쌓은 부자들은 울고 통곡하게 된다.

타스커는 "몇몇 부자들이 좀 더 많은 재산을 모으려고 하는 욕심은 그 재산이 사용되지 않을 때는 자기 자신을 파멸시킨다는 아주 분명한 사실을 보지 못하게 만든다"고 진술한다.[8] 야고보서가 주는 오늘의 경고는 기독교인이 부에 높은 가치를 둔다거나, 그것을 소유한 사람들을 시기한다거나, 그것만 얻으려고 열광적으로 노력하는 일이 어리석다는 점을 가르친다. 부자들이 자기를 위해 쌓은 재물로 인하여 그들에게 임할 재앙은 모든 불행을 포함하고 있다. 즉 현세의 불행과 내세의 불행까지 포함된 재앙이다. 외적인 고통과 내적인 마음의 고통 그리고 이 세상에서의 고통과 내세에서 겪게 될 불행까지 망라한 재앙을 겪게 될 것을 가르친다.

---

8) Tasker, R. V. G. *The General Epistle of James*, 114–115.

5

맺는말

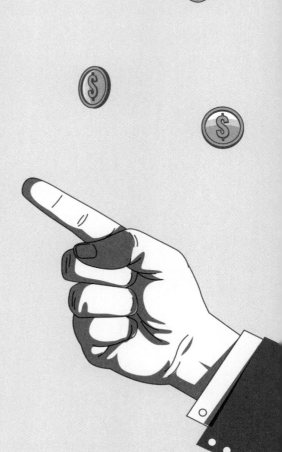

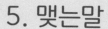

5. 맺는말

가난한 이웃을 위해 부를 사용하라

신구약 성경의 구속사적 맥락에서 볼 때 하나님 중심의 신앙과, 재물과 부를 선용할 책임에 대한 야고보서의 가르침은 구약성경 이사야, 아모스 그리고 미가 선지자의 글에서 주장하는 사회경제적 정의와 일맥상통한다. 구약의 선지자들과 신약의 사도들도 언약 공동체 안에 존재하는 가난과 부의 불균형적 현실에 주목하고 있다. 경제적 불균형에 대한 성경의 답을 얻기 위해 필자는 야고보서가 언급한 부의 개념이 영적인 부와 그리고 물질적 부 사이에서 강조점을 어디에 두고 있는가 하는 점과 야고보가 언급하고 있는 부자가 누구인가 하는 점에 대하여 답변을 제시했다. 특별히 부유한 자와 가난한 자 사이에 존재하는 경제적 불평등 현상의 요인들이 부자들의 권리 남용과 임금 착취, 가난한 자를 멸시함, 사치와 향락 그리고 품꾼들에 대한 억압에 뿌리를 두고 있다는 점이 강조되었다.

더 중요한 점은 야고보서를 통해 경제와 상업의 구조적 모순점이 무엇인가를 찾아내는 작업이었다. 야고보서의 대조적 진술을 토대로 드러난 바는 토지를 소유한 주인과 품꾼들 사이에 깊은 간격이 있다는 점이다. 이 서신이 초기 기독교 공동체에 던지려는 경고의 메시지는 물질과 부는 인생이 맞는 죽음이라는 종말에 아무런 가치를 발휘할 수 없다는 것이다. 야고보는 부자든 가난한 자든 모든 재물과 부는 원래 주신 주인에게 돌려주고 떠나는 나그네 인생임을 가르친다. 그래서 야고보서 저자는 인생을 안개에 비유한다(약 4:14). 특별히 창조주 하나님께서 모든 인생에게 선물로 주신 물질과 부를 가난한 이웃을 위해 사용하지 아니할 때 그 부가 오히려 재앙이 된다는 강한 경고를 받게 된다. 그렇다면 재물과 부의 올바른 활용에 대한 야고보서의 교훈과 함께 오늘의 교회와 사회 그리고 국가에 적용하려는 대안은 무엇인가?

언약 공동체 안에서의 대안

야고보는 그의 서신 전반부에 언약 공동체 안에서 사람을 차별하여 대하는 모순점을 지적했다. 야고보가 가르치려는 것은 "사람을 차별하여 대하지 말라"는 것이었다. 야고보가 지적하는 차별은 부자와 빈자에 대한 차별이었다. 물론 사회에서는 여러 영역에서 차별이 존재한다. 그러나 영적인 공동체 안에서는 빈부의 차별은 금지되어야 한다. 왜 그렇게 해야 하는가? 근본적으로 하나님 안에서는 모든 사람이 평등하기 때문이다. 하나님 안에서 성도가 누리는 것은 평등의 원칙에 근거하고 있다. 사랑, 구원, 용서, 자녀 됨, 은혜, 영생, 부활 그리고 천국의 상속도 평등하게 주어진다. 단, 은사에 따라 주어진 활용 기능과 직분이라는 기능이 다를 뿐이다. 인간은 사람을 차등적으로 대하지만 하나님은 부자이든 가난한 자이든, 많이 배운 자이든, 적게 배운 자이든, 많이 가진 자이든, 적게 가진 자이든, 어른이든, 어린이든 하나님 나라 안에서 차별을 두지 않는다.

따라서 야고보는 믿음을 가진 그리스도인에게 특별히 차별 금지를 명령한다. 기독교 공동체 내에서 가난한 자를 깔보고 부자는 우대하는 것에 대한 경고이다. 야고보는 교회 공동체 안에서도 "금가락지를 끼고 아름다운 옷을 입은 사람"과 "남루한 옷을 입은 가난한 사람"(약 2:2)을 차별하고 부자는 좋은 자리에 앉게 하고 가난한 자는 서 있든지 아니면 발등상 아래 앉도록 하는 차별이 존재한다는 것을 지적한다. 채영삼도 사람을 차별하는 일이 교회 안에서도 발생했으며, 사람을 차별하는 잘못된 관행이 교회의 실패를 가져온다고 했다. 그는 이렇게 말한다.

당시 로마 사회와 문화 속에 독버섯처럼 퍼져 있던 온갖 옳지 않은 차별들, 즉 자유인과 노예들, 부자와 가난한 자, 남성과 여성,

어른과 아이들 사이에 존재했던, 하나님 보시기에 합당하지 않았던 나쁜 차별들을 생각해 볼 때, 그런 부패한 차별들이 하나님께서 예수 그리스도 안에서 새롭게 창조하신 새로운 공동체인 교회 안에서도 여전히 분별없이 반복되어 행해졌다.[1]

그렇다. 물질적으로 부유한 사람이나 또 높은 지위나 국가의 권력을 가진 자들은 그 반대의 위치에 있는 자들에 비해 우월하다고 차별을 두는 것은 평등의 근간을 깨는 출발점이 된다. 야고보는 이러한 차별은 "너희끼리 서로 차별하며 악한 생각으로 판단하는 자가 되는 것이 아니냐"고 되묻는다(약 2:4). 야고보는 부자와 가난한 자의 차별을 당연시하며 극심한 빈부격차를 조장하는 교회 공동체를 향하여 예수 그리스도의 복음으로 이러한 관행을 뒤집고, 그리스도 안에서 평등한 새로운 공동체를 만들어 가야 할 것을 가르친다.

더 나아가 야고보는 믿음을 가진 그리스도인의 차별은 분명히 범죄라고 말한다(약 2:9). 한 교회 공동체 안에서 부자와 가난한 자를 차별하는 것은 공동체를 갈라놓는 범죄이다. 이러한 차별은 그리스도인이 지켜야 하는 최고의 법인 사랑의 법에 대항하는 범죄이다. '최고의 법'은 "네 이웃 사랑하기를 네 몸과 같이 하라"라고 가르친다(약 2:8, 참조 레 19:18). 이와 같이 사랑의 계명에 순종하는 것이 하나님의 전적인 뜻인 최고의 법을 성취하는 것이다. 야고보서의 가르침은 예

---

1)　채영삼, 『지붕 없는 교회―야고보서의 이해』, 167.

수님과 바울의 가르침과 일치한다(마 22:34~40; 롬 13:8~10; 갈 5:14). 결과
적으로 가난한 자를 경멸하는 자들은 창조자이신 하나님을 모욕하
는 죄를 범하는 것이다. 죄의 삯은 사망이다(롬 6:23). 죽음에 이르지
않기 위해서는 이웃 사랑 실천이 급선무임을 깨달아야 한다.

사회경제적 불평등에 대한 대응

첫째, 모든 그리스도인에게 정당한 부의 저축이 요구된다. 그리
스도인에게 있어 재물이나 부의 축적은 하나님의 영광을 드러내기
위한 바른 목적이 뒤따라야 한다. 생존과 교육과 가난한 이웃을 돕
기 위한 목적에서 벗어나 자신을 위하여 재물과 부를 축적하는 것은
자기 탐욕이며, 자기 향락을 위한 것이다. 경제적 불의나 가난한 자
의 억압과 탈취로 모은 부와 재물의 축적은 도둑질이다. 야고보서는
부한 자들이 하나님의 심판의 때에 울고 통곡하는 고통에 이르게 되
는 것이 자신을 위하여 "말세에 재물을 쌓았기" 때문인 것으로 말하
고 있다.

재물을 늘리고 부하게 되려는 것은 그것을 올바르게 사용하기
위해서이다. 정의롭게 모으고, 정당한 가격으로 이윤을 창출하고,
정당한 삯을 지불하고, 정당하게 세금을 납부하고, 도움이 필요한
이웃을 돕기 위해 얻은 재물은 최고의 가치를 발휘한다. 칼빈은 "공

정과 절도를 지키는 부자"의 필요성을 제시한다.[2] 야고보서가 부자들에게 정죄를 선포한 것은 부자들이 축적한 재산을 궁핍한 자들과 나누는 대신에 자신들의 사치와 향락을 위해 모은 것이기 때문이다. 물질적 풍요의 시대를 살아가고 있는 오늘의 모든 한국 교회가 귀를 열고 들어야 하는 경고의 음성이다.

둘째, 경제 활동의 산물에 대한 그리스도인의 강한 윤리적 책임감이다. 인간은 경제 활동에서 생산으로 얻은 재물로 무엇을 하느냐는 질문에 사회적 책임을 갖고 있다고 대답해야 한다. 경제 활동의 결과에 인간 개인의 노력이 포함되어 있긴 하지만 그것에 대한 개인의 독점적 처분권만을 주장할 수는 없다. 내가 일하고 내가 벌었다고 사람들은 말할 수 있지만, 그리스도인은 재물 얻을 능력은 하나님께서 주셨다고 고백해야 한다. 기독교인은 내 능력과 내 손의 힘으로 내가 이 재물을 얻었다고 말할 수 없다. 여호와 하나님이 재물 얻을 능력을 주신 것이다. 신명기 8:17~18은 이렇게 말한다.

> 네가 마음에 이르기를 내 능력과 내 손의 힘으로 내가 이 재물을 얻었다 말할 것이라 네 하나님 여호와를 기억하라 그가 네게 재물 얻을 능력을 주셨음이라

---

2)   Calvin, John. 『신약성경주석』 제4권, 358-360.

하나님께서 주신 능력을 통해 재물을 얻었기에 그 재물을 정의롭게 모으고, 가난한 이웃을 위해 사용하고, 사랑의 실천을 위해 관대하게 나누어야 하는 도덕적 책임이 있다. 야고보서는 도덕적 책임을 공동선과 연결시킨다. 그는 상업적 이익을 추구하는 자들을 향하여 인생과 재물의 허상을 설명하고 나서 "사람이 선을 알고도 행하지 아니하면 죄니라"(약 4:17)라고 말한다. 선(善)을 행함이 믿음을 나타내 보이는 증거이다. 그래서 야고보서는 "행함이 없는 믿음은 그 자체가 죽은 것이라"(약 2:17) 그리고 "영혼 없는 몸이 죽은 것같이 행함이 없는 믿음은 죽은 것이니라"(약 2:26)고 했다. 성경은 모든 그리스도인에게 행함이 있는 믿음을 요구한다. 그 믿음이 이웃에 대한 선행이다. 이웃을 향한 경제적 나눔의 실천은 모든 그리스도인이 실천해야 할 과업이다.

참고문헌

1. 국내 문헌

김남준, 『시험에 관하여』. 서울: 생명의말씀사, 2021.

민영진 외(편집), 『성서백과대사전』. 서울: 성서교재간행사, 1981.

박선정, "나눔의 성경적 원리, 그 효과의 실제," 로고스경영연구. 9(2), (2011, 8), 72–109.

박윤선, 『성경주석: 히브리서 공동서신』. 서울: 영음사, 1978.

서창원, "조지 휫필드의 경건생활과 사역", 「조지 휫필드 목사의 생애와 설교사역」. 한국개혁주의설교연구원 설립 23주년 기념 세미나, 2015년 8월 17~18일.

이상근, 『신약주해 공동서신』. 서울: 대한예수교장로회 총회교육부, 1979.

이창원, "평등, 공의, 나눔에 의한 기업의 사회적 책임에 관한 연구," 로고스경영연구. 8(1), (2010, 4), 91–106.

임병진, "요셉을 통하여 본 성경의 부자와 부자의 역할에 관한 연구," 로고스경영연구. 8(1), (2010, 4), 75–90.

차정식, 『신약성서의 사회경제사상』. 서울: 한들출판사, 2000.

채영삼, 『지붕 없는 교회—야고보서의 이해』. 서울: 이레서원, 2012.

_____, 『십자가와 선한 양심』. 서울: 이레서원, 2014.

황봉환, "성경적 관점에서 본 토지 취득과 소유 그리고 분배와 활용에 관한 연구," 로고스경영연구. 8(1), (2010, 4), 107–124.

_____, "이사야서에 나타난 경제 정의와 실천에 관한 연구," 로고
스경영연구. 10(4), (2012, 12), 117-134.

_____, "아모스 시대의 사회경제적 양극화와 종교적 정의에 관한
연구," 로고스경영연구. 11(4), (2013, 12), 169-184.

_____, 『사회경제적 불의에 대한 아모스의 외침』. 서울: 진리의 깃
발, 2020.

2. 번역 및 외국 문헌

Barnes, Albert. *A Popular Family Commentary on the New
Testament, James-Jude,* vol. X, Blackie & Son, Limited,
1879.

Beeke, Joel. R. *Living for God's Glory: An Introduction to
Calvinism,* 신호섭 역, 『칼빈주의』. 서울: 지평서원, 2008.

Bell, Albert A. *Exploring the New Testament world,* 오광만 역, 『신
약 시대의 사회와 문화』. 서울: 생명의말씀사, 2001.

Brown, Charles. *The General Epistle of James, A Devotional
commentary.* London: the Religious Tract Society, 1906.

Bruce, F. F. *New Testament History,* 나용화 역, 『신약사』. 서울: 기
독교문서선교회, 1978.

Calvin, John. 『신약성경주석』. 제4권, 서울: 신교출판사, 1978.

Gill, Robin. *A Textbook of Christian Ethics*. England: T. & T. Clark, 1985.

Kent(Jr), Homer A. *Faith that Works*. Grand Rapids: Baker Book House, 1986.

Lenski, R. C. H. 진연섭 옮김, 『히브리서 · 야고보서』. 서울: 로고스, 2000.

Manton, Thomas. 황영철 옮김, 『야고보서(하)』. 서울: 아가페출판사, 1987.

Martin, Ralph P. 홍찬혁 옮김, 『야고보서』. 서울: 솔로몬, 2001.

Marshall, I. Howard. *Tyndale New Testament Commentaries Acts*, 왕인성 옮김, 『사도행전』. 서울: CLC, 2016.

Motyer, Alec. *The Message of James*. England: IVP, 1985.

Henry, Matthew. 김영배 옮김, 『매튜헨리주석: 디모데전서-계시록』. 서울: 크리스챤다이제스트, 2007.

Stassen, Glen H., Gushee, David P. *Kingdom Ethics: Following Jesus in Contemporary Context*. 신광은 · 박종금 옮김, 『하나님의 통치와 예수 따름의 윤리』. 대전: 대장간, 2011.

Tasker, R. V. G. 김윤동 옮김, 『틴델신약성경주석』. 서울: CLC, 1999.

Vine, W. E. *Expository Dictionary of New Testament Words,* vol.

III, London: Oliphants, 1940.

Walker, Williston. *A History of the Christian Church,* 류형기 역, 『기독교회사』. 서울: 한국기독교문화원, 1980.

Wright, Christopher J. H. 김재영 역, 『현대를 위한 구약윤리』. 서울: IVP, 2006.